beck'sche
reihe

bsr
b

Techno, TripHop, Jungle, Big Beats... wer mit Rockmusik oder gar Rock'n'Roll großgeworden ist, wird für das, was die jüngere und jüngste Popgeschichte an Hörerlebnissen bereithält, oft kein Ohr mehr haben: weil er gar nicht mehr weiß, wohin und auf wen er noch hören soll vor lauter Sound.

Karl Bruckmaier hat die Welt der Popmusik in 24 Abteilungen untergliedert – vom frühen Blues bis zu Drum'n'Bass – und die dafür passenden, ach was: die einzig richtigen und also notwendigen Platten/CDs ausgesucht. Entstanden ist auf diese Weise ein sehr persönlicher Führer durch ein Jahrhundert Popmusik, die Streitschrift eines Liebhabers, ein Schaustück des guten Geschmacks und des hochnäsigen Pop-Snobismus samt Bestellnummern, Index, einer „Top 100"-Liste des „Rolling Stone" (zum Vergleichen) und jeder Menge Tips, die wieder neugierig machen auf die Popmusik der Zukunft, der Gegenwart und der Vergangenheit.

Für all diejenigen, die noch immer der Idee eines perfekt bestückten Plattenschranks hinterhersammeln – oder wenigstens wissen wollen, was sie bereits versäumt haben.

Karl Bruckmaier, geb. 1956, studierte Kommunikationswissenschaften und arbeitet seit 20 Jahren als DJ, Autor und Regisseur des Bayerischen Rundfunks. Neben seinen Rezensionen und Kolumnen für die Süddeutsche Zeitung schrieb er Aufsätze zum Popgeschehen für Spiegel, Rolling Stone, Geo, DIE ZEIT, Focus...

Karl Bruckmaier

Soundcheck

Die 101 wichtigsten Platten
der Popgeschichte

Verlag C. H. Beck

Für Daisy, Tick, Trick und Track, falls der noch
auftauchen sollte

Die Deutsche Bibliothek – CIP-Einheitsaufnahme

Bruckmaier, Karl:
Soundcheck : die 101 wichtigsten Platten der Popgeschichte / Karl
Bruckmaier. – Orig.-Ausgabe. – München : Beck, 1999
  (Beck'sche Reihe ; 1293)
  ISBN 3 406 42093 1

Originalausgabe
ISBN 3 406 42093 1

Umschlagentwurf: Groothuis + Malsy, Bremen
Umschlagabbildungen: Lou Reed: Street Hassle (Arista/BMG);
Rolling Stones: Exile on Main Street (Rolling Stones Records/Virgin);
Tricky: Angels With Dirty Faces (Island/Mercury)
© C. H. Beck'scheVerlagsbuchhandlung (Oscar Beck), München 1999
Satz: Jung Satzcentrum, Lahnau
Druck und Bindung: C. H. Beck'sche Buchdruckerei, Nördlingen
Gedruckt auf säurefreiem, alterungsbeständigem Papier
(hergestellt aus chlorfrei gebleichtem Zellstoff)
Printed in Germany

Inhalt

„Welcome back, my friends, to the show that never ends..."

Eine Vorbemerkung, in der das Koordinatensystem auf den Tisch gelegt und auch schon mal der Mund ein bißchen voll genommen wird.

Hinter mir stehen 18 Meter Langspielplatten, links daneben unvermessene CD-Regale. Im Nebenzimmer haben sich Singles, DAT-Cassetten und Musikvideos zwischen den Büchern breit gemacht: die Tonträger-Sammlung eines Musikjournalisten. Und das schlimmste ist: Sie besteht nur aus Lücken. Böse, schwarze Sammlerkaries. Nichts ist komplett; überall tun sich Löcher auf, fehlen wichtige Platten; es reicht hinten und vorne nicht, auch wenn fast täglich neue Namen und Titel dazukommen. Kaum ist Joni Mitchells ‚The Hissing of Summer Lawns' endlich angeschafft, kündigt die Plattenfirma für den Herbst bereits eine neue CD der Kanadierin an. John Zorns wildwuchernde Veröffentlichungen jemals auch nur annähernd vollständig zu besitzen habe ich aufgegeben. Der halbe Meter George Clinton verweist nur hämisch auf seinen fehlenden Bruder. Wo veröffentlichen *Blind Idiot God* gerade? Kaufe ich nur die falschen Drum'n'Bass-Platten? Werde ich je in meinem Leben ‚Birth of the Cool' besitzen – obwohl dieser frühe Miles-Davis-Klassiker in jedem Plattenladen steht? Von *S'Express* habe ich nur CD-Maxis, von *Oasis* bloß ‚Wonderwall' auf einem Sampler – ich bin Donald Duck, und die Welt ist Dagoberts Geldspeicher, jede CD ein Silbertaler: Plaisir für die Dagoberts, für mich nur Unübersichtlichkeit und Arbeit bis ans Ende meiner Ententage.

Donald liebt Daisy. Daisy besitzt auch eine Schallplattensammlung. Besser: Daisy besitzt Schallplatten. Vielleicht fünfzig Stück, eher weniger. Aber Daisys Sammlung ist komplett, ist vollendet. Sie strahlt eine heitere Gelassenheit aus und eine Eleganz und Geschmackssicherheit, mit der Donalds Vinylmeter nie werden mithalten können. Daisy hat, was die Ente braucht: Die beste Musik für jede Lebenslage, jede Stimmung, jede Tageszeit.

In der quantitativen Selbstbeschränkung liegt ein guter Teil ihres Geheimnisses. Warum sollten 200 Sänger bittersüßer Balladen miteinander konkurrieren, wer mit welchem Lied nun den Trennungsschmerz von einem geliebten Erpel überzuckern darf? Ein einziger reicht. Der richtige. Kommt er zu seinem Recht, steigt sein Lied zum Repräsentanten all jener anderen Songs auf, wird das Drei-minutenstück zum Epos.

Nun kann nicht irgendeine Platte diesen Dienst leisten: Fein aus-tariert muß das Verhältnis der Platte sein zu ihrem Besitzer, zu seiner Geschichte und seiner Persönlichkeit. Und noch feiner gesponnen sollte das Netz sein, das diese Platte mit den anderen verbindet, die für den Augenblick in ihrem Regal verharren müssen, bis ihr Stich-wort kommt, bis sie aus der Kulisse treten dürfen, um immer wieder neu ihren Text aufzusagen, ihr Liedlein zu singen, auf daß die Welt ihr Wohlgefallen daran finde. Wer da meint, diesen edlen Zweck erfüllten nur die acclaimed masterpieces eines Künstlers oder Best-of-Platten, der macht den Sammlerfehler seines Lebens. Wer makel-lose Listen liebt, der findet eine im Anhang. Wer Zusammenstellun-gen horten will, muß gar nicht erst weiterlesen, denn gerade die et-was verqueren, mehr oder weniger genial gescheiterten Projekte so manchen Künstlers offenbaren nach Jahren des Hörens eine tiefer-liegende Schicht unbeabsichtigter, anfangs vielleicht unhörbarer Grandeur, passen besser in das Leben eines Hörers als eine makellose Kopfnickplatte. Zur Hölle mit ,Sergeant Pepper's...', solange es ,Let it Be' gibt. Diese genial gescheiterten, diese Übergangs-, diese unterschätzen Platten werden zu Kostbarkeiten des Kenners, der sich und anderen ihre Geheimnisse entschlüsseln kann, und machen die eine oder andere André-Heller-Platte wett, von der man sich aus sentimentalen Gründen einfach nicht trennen kann.

Daisy hat eine solche Sammlung (siehe Anhang S. 159); jede ihrer Platten hat eine Geschichte, jeder Song ist Teil einer Selbst-inszenierung, jedes Cover unverzichtbares Teil eines ästhetischen Konstrukts, das weniger einem Puzzle als der Blüte einer Rose gleicht. Wer immer auch bei Daisy seinen Tee nimmt und dabei mit der üblichen Mischung aus Neugier und Ennui seine Finger wäh-rend einer Gesprächspause über die schmalen Rücken der Schall-platten gleiten läßt, wird schnell seine snobistischen Attitüden fal-len und der Gastgeberin in Blicken oder Worten ein Kompliment zukommen lassen: Denn auch ihn fasziniert die wohltemperierte Mischung aus Vertrautem, aus Halbvergessenem und Schonmalge-hörtem, aus jenen geheimnisvollen Namen, die allein durch ihre Präsenz inmitten der Geschmack und Kenntnis verratenden Regalnachbarn einen Klang annehmen wie Samarkand, Sansibar oder Timbuktu, Namen, die Verheißung sind und uneinlösbares Versprechen, Traumnamen.

Daisy weiß natürlich um die bezaubernde Wirkung ihrer so bescheiden daherkommenden Welt aus Vinyl und Plastik. Zu jeder Platte hat sie eine kleine Geschichte parat, eine Anekdote, einen Querverweis, der den Besucher von einem Punkt zum anderen führt in Daisys musikalischem Mikrokosmos. Sie kann ihren Besucher je nach Laune reich beschenken oder verschrecken; sie kann ihr Image wechseln oder ganz darauf verzichten. Sie kann zum Verweilen laden oder mit Verve ihren Schatz vor der Zudringlichkeit eines Unerwünschten beschützen. Alles gehört Daisy. Alles ist Daisy und hat nur einen kleinen Makel – wie die Schöpfung jedes Demiurgen. Der Schwerpunkt ihrer Sammlung liegt in jenen Jahren, als sie vielleicht 25 war; die Zeit zuvor und die Zeit danach kommen zu kurz. Dem Besucher mag das gar nicht auffallen – eine Handvoll Ergänzungen, ein wenig mehr Fortune, und der kleine Schatten über Daisys Kollektion wäre verschwunden.

An dieser Stelle kommt Donald und komme also wieder ich ins Spiel: Nie werde ich meine eigene Plattensammlung auf jene paar Dutzend reduzieren können und wollen, um die faszinierende Eleganz von Daisys Sortiment zu erreichen. Aber vielleicht kann ich ja anderen helfen, eine ideale Plattensammlung aufzubauen oder wenigstens den Anstoß dafür geben, die eigenen Bestände zu durchforsten, ein paar CDs oder Platten zu verschenken, ein paar zum Secondhand-Händler zu tragen und dort zugleich mit der Suche nach jenen zu beginnen, von denen manch einer vielleicht noch gar nicht weiß, daß sie ihm fehlen.

Um jeglichem Mißverständnis vorzubeugen: Dies ist kein Buch über die 101 besten Platten der Popgeschichte, kein Kompendium allgemein anerkannter und objektiver Verdienste und Errungenschaften, auf die ein Professor Pop seinen Genehmigt-Stempel gedrückt hat. Dies ist bloß eine kommentierte Plattensammlung, ein subjektiv zusammengestellter Musterkoffer der Popmusik. Jeder Eintrag, jede Nennung steht da wie ein Hyperlink im Internet: anklicken und weitersuchen. Finden. Entdeckungen machen. Plattensammeln ist ein Spiel, das nicht anhand von Bestenlisten und dem Fetisch der Vollständigkeit zuliebe gespielt werden sollte, sondern nur mit einem geradezu erotischen Verhältnis zur Musik, mit dem

Hang zur verblüffenden Lösung, mit ästhetischem Wagnis, meinetwegen auch mit großmäuliger Selbstinszenierung. Ein Spiel bedeutet immer auch: *mein* Spiel, *meine* Welt, *meine* Sicht der Dinge. Vieles, was in diesem Buch apodiktisch klingen mag oder arrogant, was versponnen oder weltfremd daherzukommen scheint: Streichen Sie es dick durch und ersetzen Sie meine (Vor-)Liebe durch Ihre (Vor-)Liebe – aber ohne Liebe geht es nicht. Wer <u>eine</u> *Rolling-Stones*-Platte besitzt, wird bald mehrere besitzen wollen. Wer Dylan liebt, wird nicht bei seinen drei besten CDs Schluß machen. Denken Sie also über Ihre Plattensammlung nach, finden Sie den Kitzel, den Grund Ihrer Erregung, Ihrer Entrüstung oder Empörung über meine snobistische Auswahl, wagen Sie es, sich lustig zu machen über sich selbst – und über mich. Setzen Sie Ihre eigenen Schwerpunkte, von denen kein anderer noch geträumt hat. Doch vergessen Sie darüber nicht die Referenzpunkte außerhalb Ihres persönlichen Universums. Nur von diesen Punkten aus läßt sich die eigene kleine Welt überblicken.

Meine ideale Plattensammlung begleitet Sie durch die meisten Stile der Popmusik, führt Sie in die Räume einer imaginären Ausstellung, die in einem Fall die Musik eines Landes präsentieren mag, ein andermal achtzig Jahre im Fast-Forward-Modus durcheilt. Es wird selten die Rede sein von Tonarten, technischen Fertigkeiten oder instrumentalen Details. Verbrannte Hendrix eine Gibson oder eine Fender? So was langweilt mich – auch weil ich nichts davon verstehe. Es geht mir eher um eine empathische Verknüpfung von Musik und Leben, von Musik und Zeitgeschehen. Der Gegner, gegen den ich in diesem Buch anschreibe, ist die Lethargie, die vor allem die etwas älteren Pop-Fans befällt, wenn sie nicht mehr am Veröffentlichungspuls der Zeit sein können und beim Umstellen der Plattensammlung auf CDs in eine private Zeitschleife geraten: das ‚White Album‘ der *Beatles* lieber doppelt haben als für *Sleater-Kinney* dreißig Mark riskieren. Der Gegner sind jene 302 179 Pop-CDs, die mein ‚CD World Reference Guide 1998‘ allein für die USA, Großbritannien, Japan und Deutschland ausweist. Nimmt man alle anderen Märkte hinzu und zudem noch die Erzeugnisse der vielen Subkulturen, die sich nicht darum kümmern, in solch einen Wälzer mit aufgenommen zu werden, dann dürfte die Zahl der erhältlichen CDs und Platten weit über einer halben Million liegen. Der Gegner sind aber auch jene zehn oder mehr Platten, die jeder große Popstar in seiner Vergangenheit aufgenommen hat, sind die großen, mit Historie befrachteten Namen der Bands, zu denen er einst gehörte, sind die Erwartungen, die so ein Heroe mitschleppen muß, bis der Tod uns von ihm scheidet. Lou Reed und John Cale bei *Velvet Underground*, Iggy Pop bei den *Stooges*, Tom Verlaine mit *Television*, David Byrne als Chef der *Talking Heads* und Jonathan Richman von den *Modern Lovers* – sie haben gleich mit ihren ersten Platten die Welt des Pop, gar die Welt selbst verändert. Zum Beispiel *Velvet Underground*: Václav Havel brachte Ende der sechziger Jahre *Velvet Undergrounds* LP ‚White Light/White Heat‘ von einer US-Reise mit. Kopien kursierten im antisowjetischen Untergrund und führten zur Gründung der tschechischen Band *Plastic People of the Universe*. Deren Verhaftung wiederum einte die Dissidenten-Bewegung, und die Charta 77 wurde formuliert: der Anfang vom Ende des Sozialismus in der damaligen Tschechoslowakei, die sich in einer *Velvet Revolution*, wie sie passender nicht genannt werden könnte, von den stalinistischen Betonköpfen in der Regierung befreite. So viel Geschichte. So viel Verantwortung. So much pressure.

Solche Platten stehen in allen Bestenlisten und blockieren nicht nur das gegenwärtige Schaffen ihrer Ex-Mitglieder, sondern die Pop-Gegenwart überhaupt. Pop kann und darf nicht nur nach hinten starren, will er nicht zum Jazz des 21. Jahrhunderts werden. Jetzt ist anders. Und anderes ist jetzt wichtig. Darum tauchen in dieser als perfekt imaginierten Plattensammlung, in diesem Musterkoffer mit 101 Exponaten möglichst wenige von diesen ‚Auf der Suche nach der verlorenen Zeit‘-Platten auf: Sie schwingen als Welle und Teilchen durch viele der hier vorgestellten CDs, sind osmotisch präsent in einem Wort, Sound oder Rhythmus. Vertreten sind Solo-Platten von Cale, Byrne, Richman und Verlaine, die wie Walter Benjamins Angelus Novus nach hinten weisen, zurückblicken ins verlorene Paradies, sich aber im Moment ihres Abgespieltwerdens umdrehen und nach vorne stürmen, in eine ungewisse Zukunft: Denn nur dort spielt die Musik.

Nicht alles muß gekannt sein und nicht alles will verstanden werden: Also mute ich Ihnen ein manchmal amerikanisiertes Parlando zu, aber so rede ich nun einmal über Musik ...

Und wenn die letzte meiner Plattenempfehlungen in der Auslaufrille hängt, wartet ein höchst verständlicher Anhang, der alle

Empfehlungen mit Vinyl- oder CD-Bestellnummer nennt, dazu ein Index für den gezielt Suchenden und eine Liste mit zuverlässig arbeitenden Postversendern.

München, im Juli '98   Karl Bruckmaier

„It's a long long way from Canada..."

Abteilung 1, in der man gleich auf einem Nebenschauplatz der Pop-geschichte einige fleißige und begnadete Hauptpersonen antrifft.

Der erste Schuß verändert alles. Gerade war man noch ein Junge, der jeden Samstag mit der Entscheidung kämpft, ob die ‚Sport-schau' in der ARD oder Ilja Richters ‚Disco' im ZDF lebenswichti-ger sei, gerade stolperte man noch von Party zu Landjugendball zu Rotweinabenden mit Keith Jarrett, als man mitten im Lauf, mitten in der Bewegung, von dieser übergroßen Kugel aus einer 45er Magnum getroffen wird. Man sieht sie kommen, langsam, verlang-samt wie in einem Film von Sam Peckinpah. Sie kommt auf einen zu, reißt Haut und Fleisch auf, trifft ins Herz: Doch niemand sonst will etwas bemerkt haben. Nur das verletzte Herz bleibt zurück in der Brust und will nicht heilen.

Da begreift der Junge, daß auf dieser Kugel sein Name stand, daß sie nur für ihn bestimmt war: sein erster Schuß. Wohlige Wärme. Wohliger Schmerz. Wohliges Räkeln auf den Matratzen des Party-kellers. Allein unter Milliarden. Allein mit dieser Stimme, mit dieser Musik. Die macht „pling, pling, schnarrr". Und die Stimme brum-melt: „There is a war between the rich and the poor, between man and woman"; und „Is this what you wanted, to live in a house that is haunted by a ghost?"; und „Lover, lover, lover come back to me". Die Stimme gehört einem 40jährigen Mann und spricht vom eige-nen pickeligen Leid. Sie nimmt ernst und tröstet. Sie verrät ein we-nig, nicht zuviel, von den großen Geheimnissen des Lebens jenseits der nächtlichen Erektionen. Später wird der Junge sehen, daß sich auf dem Cover zwei Engel paaren, Gestalten aus einem arkanen Buch des 16. Jahrhunderts, und daß es also um die geistige Vereini-gung des weiblichen mit dem männlichen Prinzip geht: so fucking what! *Jetzt* wird sein Leben auseinandergenommen und wieder zu-sammengesetzt, jetzt! Selbstmitleid von nie geahntem Ausmaß! Reinigender, kühler, klarer Zynismus! Ein Schnurren, Balzen, Rau-nen, das aus der Hölle kommt und den Himmel will. Aber wer ist dieser ältere Bruder?

Es ist **Leonard Cohen**, Kanadier, Jahrgang 1934. Ein alter Sack, wenn es denn je einen gegeben hat. Ein mächtiger Verderber der Ju-

Beat 1: Literarische Richtung der vierziger bis sechziger Jahre, die ungebremst ihrer Sucht nach einem Höchstmaß an Bewegung frönte und von Anfang an eine starke Affinität zur Musik ihrer Zeit aufwies, zuerst zu Jazz, später zu Folk und Rock. Herausragende Vertreter: William S. Burroughs, Jack Kerouac und Allen Ginsberg, die allesamt selbst Platten aufgenommen haben. Die Beat-Tradition wurde in der nächsten Generation von Patti Smith, Laurie Anderson oder Henry Rollins weitergeführt und ist heute weder aus der Parfum-Werbung im Kino noch aus HipHop wegzudenken.

Bevorzugtes Format: der Sampler, also Tondokumente, auf dem zahlreiche Interpreten, Musikrichtungen und Themenkreise gemischt werden, etwa die zahlreichen Veröffentlichungen auf John Giornos Poetry-Systems-Label oder die Tribut-CDs für und mit Burroughs oder Kerouac.

Beat 2: Britische Teenagermusik der frühen sechziger Jahre zwischen Rock'n'Roll und Schlager. Auf den Schnappschüssen und Konzertfotos jener Tage ist es schön zu sehen: wie sich Kostüm und hochtoupierte Frisur, wie sich Anzug und Krawatte von den Körpern lösen, einer neuen Mode, einer neuen, nie gekannten Körperlichkeit Platz machen, wie die Haare wachsen, Zungenküsse getauscht werden, wie Haschischgeruch in der Luft liegt und Teenage-Götter buntlackierten Rolls Royces entsteigen. Die in der Beatmusik versteckte afroamerikanische Komponente infizierte Europas Jugend mit einem Virus, der über Jugendkult und Körperbetonung liberalere Tendenzen in der Gesamtgesellschaft erzwang: Aus ihrer Sicht hatten die Verbrenner von *Beatles*-LPs völlig recht...

Bevorzugtes Format: ein rosaroter Rolls Royce

gend. Ein Beatnik aus der Provinz, der eigentlich Countrymusik machen wollte, aber seit 1968 als Inkarnation des abgeklärten Folksängers tingelt, dem Beat-Dichter alle Ehre machend und auch dem Folk. Cohens ‚**New Skin for the Old Ceremony**‘ stellen wir als erste Platte in das noch leere Fach unserer imaginären Plattensammlung. Nicht seine von Phil

1

LEONARD COHEN
‚New Skin for the Old
Ceremony‘ (1974)

Spector zu Camp gewendelte ‚Death of a Ladies' Man‘, nicht seine hitverdächtigeren Frühwerke mit ihrer kargen Gitarrenbegleitung zur weltgeschmerzt-abgewendeten Stimme sollen es sein, sondern dieser Bastard, diese Platte am Scheideweg, die Musik eines alternden Narren, der von sich selbst die Nase voll hat und weiß, daß seine Zukunft nur noch Fusion-Musik, Zen-Buddhismus und Sugardaddy-Dienste für Jennifer Warnes bereithält. Nur auf ‚New Skin...‘ wird es ungemütlich in der an-

sonsten etwas alternativ-saturierten Rotweintrinkerwelt des Kant-
schädels. Nur hier wetterleuchtet existentieller, nicht gewohnheits-
mäßiger Zweifel. Und ist eine Zeile nicht hilfreich wie „Here's a
man still working for your smile", wenn man selbst die vierzig er-
reicht hat? Keine Ahnung von Musik, aber ein Unterkiefer so groß
wie sein Herz. Unser Mann. Mein erster Schuß.

Wenn der morbide Charme Leonard Cohen zum Doc Holiday der
einsamen Sänger macht, dann ist Roberta Joan Anderson alias **Joni
Mitchell** seine Calamity Jane. Auch sie erlag den Lockungen des
ewigen kalifornischen Sommers und ließ den trüben kanadischen
Himmel hinter sich, um gleichermaßen zur Zimtzicke wie zur
Grande Dame der amerikanischen Singer/Songwriter aufzusteigen.
Dieser Aufstieg führte durch manches Bett, doch bald schon teilten
braungebrannte Jünglinge Jonis Lager, um ihrerseits aufzusteigen
und die höheren Weihen zu erhalten, die den Einlaß gewährten in
die Hippie-Aristokratie, deren Camelot am Laurel Canyon stand.
Gerne erweckte Joni Mitchell in Interviews den Eindruck, andere
Musiker und Musikerinnen seien es kaum wert, den Saum ihres
Kleides zu küssen. Hört man jene zwei Platten, die aus ihrem fast
zwanzig LPs umfassenden Oeuvre herausragen, so sind selbst notorisch Ungläubige anschließend gerne bereit, ihr zuzustimmen.
   Da ist zuerst einmal **‚Blue'**, verwirrt, intim, „bringing out the best
in me". Völlig überspannt, viel zu hoch, unsingbar komisch tanzt
Joni Mitchells Stimme die Skalen und Tonleitern hinauf
und hinunter, erzählt von Liebhabern, Schlitzohren und
Ex-Ehemännern, von kalten kanadischen Wintern, die
als Erinnerung in Gesprächen an heißen, kretischen
Sommerabenden auftauchen, erzählt von der verloren geglaubten
Tochter, erzählt von Hippieträumen, die vom Heroin zerfetzt werden: „only a phase, these dark cafe days." Rotkäppchen singt im
Wald, doch der überlange Schatten des bösen Wolfs taucht die Sze-
nerie bereits in kränkelnde Nachtfarben. Spartanischer noch arrangiert als Leonard Cohens Songs, brennen sich die Lieder auf ‚Blue'
in die Seele des Hörers, legen Zeugnis ab von jenem Moment kurz
vor dem Verlust der Unschuld. Wenn es noch weh tut. Wenn die
Lüge noch nicht zur Gewohnheit geworden ist. „Oh, it gets so
lonely…"

2

JONI MITCHELL
‚Blue' (1971)

Ein paar Jahre später treffen wir auf ‚**Hejira**‘ eine Joni Mitchell, die ausgebrannt scheint, gehetzt. Seit ‚Blue‘ hat sie versucht, das Singer/Songwriter-Genre zu transzendieren, es durch eine Hinwendung zum Jazz zu adeln, also Cola in Chardonnay zu verwandeln. Am Ende ihrer Bemühungen ist sie zurückgeworfen auf den Beginn allen Volksliedes, die Straße. Quer durch Amerika führt ihr Trip, von New Orleans, wo sie der Blues-Knacker Furry Lewis abblitzen läßt (‚Furry Sings the Blues‘), nach North Dakota, vom Golf von Mexiko in die Wüste, wo sich Joni in die Seele des Flieger-Popstars Amelia Earhart hineinträumt. Perfekt ist auf ‚Hejira‘ die Transsubstantiation gelungen: Jonis Stimme fließt wie klares Wasser über die jazzigen Kaskaden, die Jaco Pastorius' Baß setzt und verwandelt private Pein in Glück für alle. Rare Momente, in denen Jazz und Pop zusammengehören, in denen Joni sich den Melodien überlassen kann, die eigenen Manierismen vergißt und: singt! Wie schön, wie perfekt.

3

JONI MITCHELL
‚Hejira‘ (1976)

Davor, danach mühte sich Joni Mitchell durch manch Goldene und manch unbeachtete Platte, aber allein mit der überspannt-inti-

---

Singer/Songwriter: In den späten sechziger Jahren einsetzender Trend, der es vor allem US-Komponisten und -Textern erlaubte, nicht mehr nur als Lohnschreiber für Musikverlage und Plattenfirmen aufzutreten, sondern sich als der „bessere Interpret" der eigenen Lieder zu verstehen, vergleichbar der Blüte des Autorenkinos in Frankreich und Deutschland. Popmusik befreite sich mit dieser Entwicklung aus dem bis dahin geltenden Verdikt, sie sei bloß etwas für Teenager: Die Kinder der sechziger Jahre konzentrierten sich nach der Enttäuschung durch Band-Konzepte (lösten sich ständig auf!) und alternative Lebensmodelle (keiner spült ab!) wieder auf starke Individuen, die sich trotz persönlicher Mängel (singt so komisch!) großer Popularität erfreuten. Herausragende Vertreter: Carole King, Randy Newman, James Taylor, Jim Croce und, die große Zeit der Singer/Songwriter zu einem würdigen Abschluß bringend, Ricky Lee Jones.
Bevorzugtes Format: die LP als Poesie-Album, der Song als Merkvers, der Interpret als bester Freund. „Da kommt diese Frau mit der Gitarre an unser Lagerfeuer und sagt, sie heißt Joni und ob sie was singen darf. Bis es hell wurde hat die dann gespielt. Und erst als sie am nächsten Morgen weg war, haben wir kapiert, daß das Joni Mitchell gewesen sein muß. Mann, waren wir fertig." Wer so eine Geschichte beisteuern kann, erhält auch heute noch 94 von 100 Punkten auf der Hipness-Skala.

men ‚Blue' und der überreichen ‚Hejira' im Regal kann man Zeiten größter Verwirrung und nagender Selbstzweifel bestens bestehen. Jemand hat den Job schon erledigt.

Nicht weit von Joni Mitchells einstigem Domizil im Laurel Canyon, vielleicht ein paar Haarnadelkurven weiter den Hang hinauf, vielleicht im Topanga Canyon nebenan, könnte vor 25 Jahren ein Lagerfeuer gebrannt haben, an dem ein dritter kanadischer Exilant saß, langes strähniges Haar, hager, halb Naturbursche, halb verzogenes Superstar-Früchtchen, der sich während derselben Polio-Epidemie wie Joni Mitchell Kinderlähmung zugezogen und überstanden hatte: **Neil Young**. *Buffalo Springfield* nervten ihn, *Crosby, Stills, Nash &* seine Wenigkeit nervten ihn, seine *Crazy-Horse*-Freunde waren auf Drogen, Mitmusiker, Roadies starben an Heroin, seine Plattenfirma bettelte nach ‚Heart of Gold' um einen weiteren Hit: Da mag er sich die Textzeile ausgedacht haben, die unter anderem auf seinem 97er Live-Album ‚Year of the Horse' zu hören ist: „We never listen to the record company man. He tries to screw us and ruin our band. That's why we don't wanna be good".

Eine seiner Record Companys, die des berüchtigten Pop-Despoten David Geffen, verklagte Young in den achtziger Jahren gar, weil er Country und daher keine Neil-Young-typischen Rock'n'Roll-Alben mehr abliefere und sich geschäftsschädigend verhalte. Youngs Antwort: „Entweder ihr zieht das zurück, oder ich spiele Country bis ans Ende meiner Tage. Dann könnte ihr mich nicht mehr verklagen, weil Country dann nicht mehr ‚uncharakteristisch' für mich ist."

Konsens ist: Neil-Young-Platten braucht der Mensch. Sie stehen für Unberechenbarkeit, Lärm, ungewaschene Haare, Stolz, Engagement, Widersprüchlichkeit, Zorn. Aber wie viele braucht der Mensch für seine perfekte Sammlung? Was ist das unverzichtbare Minimum? Die korrekte Antwort wäre, um mit dem Monstercomputer ‚Deep Thought' aus Douglas Adams' ‚Per Anhalter durch die Galaxis' zu sprechen: „42". Doch zwei müssen reichen. Eine sollte ein Klassiker, die andere überraschend sein, unerwartet daherkommen und nach einer Begründung verlangen. Zum beiläufigen Herausziehen bestens geeignet, weil von unverrückbarem Klassikerstatus, ist der Mittsiebziger-Hammer ‚**Zuma**' mit der gesungenen Joni-Mitchell-Verarschung

4

NEIL YOUNG
‚Zuma' (1975)

‚Stupid Girl' und einem Cover in Krakel-Manier, das auch nur als Mitchell-Parodie erklärt werden kann. Ansonsten mag ‚Pardon my Heart' anhören, ohne Tränen zu vergießen, mag in der Ecke stehen und den Coolen geben, anstatt abzuhotten und Luftgitarre zu spielen bei ‚Danger Bird' und ‚Cortez the Killer', wer will: Kein Herz hätte der Schmock.

Geht es aber darum, den Connaisseur ein weniger weiter als gewöhnlich heraushängen zu lassen, dann empfiehlt sich neben den ewig unterschätzten Country-Alben: **‚Harvest'**, das notorisch als „kommerzieller Mist" abgetane Hitmonster, dessen transzendente Wirkung wohl erst kommende Generationen zu würdigen wissen werden. Nichts ist uncooler, als diese Platte zu mögen. ‚Harvest' in aller Öffentlichkeit aufzulegen ist wie Kindersex im Internet: Alltag, aber so was von unkorrekt! Dabei serviert uns ein auf die 30 zugehender Superstar seine ganze Twen-Angst, sein Bibbern vor dem Alter, sein bißchen Philosophie, spielt sein ungeheures Potential aus, ebenso einfache wie wundersam dauerhafte Melodien zu zaubern, zelebriert seine hünenhafte Selbstgerechtigkeit, die nur noch von seinem Mitgefühl für sein eben dem Krankenbett entfleuchtes Ich und eine Handvoll Freunde übertroffen wird. Dazu chargiert Arrangeur Jack Nitzsche in der Rolle des großen Schnulzenators, der er ein paar Jährchen später in Diensten Hollywoods sein wird, bis wir knietief durch Blut, Streicher und Tränen waten: Ja, ‚A Man Needs a Maid'. Dies alles in seiner Monstrosität zu schätzen und zu verstehen, diesen molligen Elefantenmenschen von einem Album zu lieben, es nicht hippielagerfeuermäßig auf das Nachträllern trauriger Liedchen zu reduzieren, sondern es in seiner Größe, seiner Humanität blankzuwienern und auszustellen – das zeichnet den Neil-Young-Aficionado aus, nicht der Besitz von vier Metern Bootlegs. Und darum, als Herausforderung: ‚Harvest'!

5

NEIL YOUNG
‚Harvest' (1972)

Den coolsten Beitrag Kanadas zur Geschichte der Rockmusik lieferte ein Haufen bärtiger Zausel aus Toronto (okay, der Schlagzeuger kam aus Arkansas). Sie waren noch Teenager, als der zweitklassige Reserve-Elvis Ronnie Hawkins sie anheuerte, um seinen selbsternannten Platz als King of Rockabilly im frei gewählten kanadischen Exil zu untermauern. Bei Hawkins lernten Robbie

Robertson, Levon Helm, Garth Hudson, Rick Danko und Richard Manuel das Rock-Repertoire der frühen sechziger Jahre rauf und runter zu spielen; sie lernten Bordelle kennen, Hinterwäldlerspelunken und schlimme Clubs, aber hart und zynisch wurden sie deswegen nicht. Reinen Herzens waren sie und wollten mehr, wollten dem Geheimnis hinter dem zeitgenössischen Teenagerlärm auf die Spur kommen. Also nahmen sie Bob Dylans überraschendes Angebot an, ihm dabei behilflich zu sein, das eigene Folkie-Denkmal zu verbrennen und die Welt mit elektrifiziertem Dylan-Rock zu überziehen. Mit Bob Dylan veränderten sie den Lauf der Welt. Mit Dylan standen sie im Gefolge des skandalösen Newport-Auftritts – als Folk-Guru Pete Seeger die Stromkabel für den elektrifizierten Dylan mit der Axt kappen wollte – eine der am aggressivsten und feindseligsten aufgenommenen Tourneen durch, der sich Pop-Musiker bis dahin unterzogen hatten: „Verräter!" war noch das Freundlichste, was ihnen von zu jeder Randale bereiten Puristen im Publikum zugerufen wurde. 1967 zogen sie sich mit Dylan als *The Band* in die Nähe von Woodstock zurück, um privatissime an der amerikanischen Musik der Zukunft zu basteln. Und ihr Keller-Krach erlangte als Raubpressung eine solche Verbreitung, daß Ausschnitte davon 1975 als **,The Basement Tapes'**

6

in den offiziellen Bob-Dylan-Kanon überführt wurden – und nun auch noch in unseren popmusikalischen Musterkoffer, wo ihr fröhlich-anar-

BOB DYLAN & THE BAND
,The Basement Tapes' (1975)

chischer Weltuntergangsplingplong noch heute zu endlosen Diskussionen über den Sinn des Lebens, die Besonderheiten der amerikanischen Seele und die Schönheit des Rock'n'Roll anregt. Was für ein Monster!

„. . . just out of Louisiana"

Abteilung 2, in der einer seine Seele an den Teufel verkauft und ansonsten viel getanzt und getrunken wird.

Drei Musiker und eine – *die* Band, sechs Platten: und dabei haben wir Kanada noch nicht einmal richtig verlassen. Kanada ist nicht gerade das „Land Where the Blues Began" (Alan Lomax), sondern bloß jede Menge Wald, Weizen und winzige Mücken. Doch ohne den Blues gäbe es auch dort keinen Rock und keinen Roll, keinen Pop, keinen Jazz, kein 20. Jahrhundert. Der Blues ist der Grundton, auf dem alles schwingt bis hin zu HipHop und Techno, auch wenn das auf den ersten Blick als gewagte Behauptung erscheinen mag. Eine Plattensammlung ohne einen Grundstock an Blues ist frivol. Die soziale und historische Zerrüttung der nach Amerika verschleppten Afrikaner, ihre Fähigkeit, aus der Fragmentierung der eigenen Persönlichkeit und Geschichte eine neue, lebenstaugliche Ästhetik zu konstruieren, Lebensfreude mit Existentialismus, Entwurzelung mit Frömmigkeit, das Grauen mit Rhythmen zu kombinieren, hat die wesentlichen Fragen des 20. Jahrhunderts bereits beantwortet, bevor sie in Europa so überhaupt gestellt werden konnten.

Den größten der frühen Meister kennen die meisten nur als Komponistenangabe auf ‚Let it Bleed' von den *Rolling Stones*: **Robert Johnson**. Die *Stones* schulden ihm die beste ihrer Coverversionen, ‚Love in Vain'. Ein kleinwüchsiger

7

ROBERT JOHNSON
‚The Complete
Recordings' (1990)

Maulheld muß dieser Johnson gewesen sein, ein Stecher vor dem Herrn, mit einer bescheidenen Karriere, die 1938 durch Gift in einer Whiskey-Flasche ihr vorzeitiges Ende fand. Drei Jahrzehnte später entdeckten Burschen wie Keith Richards oder Eric Clapton in Johnsons 28 überlieferten Liedern jene Energie wieder, die sie in den eigenen Stücken anstrebten. Ein Mann, eine akustische Gitarre, ein Mikrophon in einem Hotelzimmer: Und doch beben die Mauern der Städte, wenn er singt und spielt, dröhnt die Zukunft der Popmusik zwischen dem Knistern der Schellacks hervor, großer Lärm, große Leere, große Angst.

Seine Seele habe Johnson dereinst an den Teufel verkauft, um so Gitarre spielen zu können, munkelten die Zeitgenossen – und wenn die Geschichte bei einem Musiker tatsächlich stimmen könnte, dann bei ihm. Das Frömmeln der Gospelmusik, der schlichte Halligalli-Lärm der halblegalen Schnapsbuden am Rande der Plantagen ist bei Johnson erstarrt, in der Bewegung erstarrt: Keine Frau, kein Gott, die ihm in seinem Leben noch helfen könnten, kein Existentialismus, der ihm einen Platz in all diesem Chaos wiese, sondern nur noch blankes Entsetzen, ein gnadenloses Geworfensein in eine Welt, die zu verstehen nicht mehr möglich scheint. Ein Junge vom Land als Ikone des 20. Jahrhunderts: ‚**Robert Johnson – The Complete Recordings**‘ steht monolithisch, mit respektvollem Abstand zu den anderen Platten, als das unverzichtbarste Stück in unserem Regal.

Robert Johnsons Johannes der Täufer war Charlie Patton, ein Hurensohn, der freundschaftlich verbunden war mit dem Chatmon-Clan, einer Großfamilie aus Mississippi, und 1934 an den Folgen einer durchschnittenen Kehle starb. Die Chatmons zogen nach eingebrachter Ernte durch den Süden und Mittelwesten der USA und traten als **Mississippi Sheiks** auf: ‚Sitting on Top of the World‘ war ihr großer Hit, aber sie spielten den Blues eher ungern, überließen die Juke Joints und Barrelhouses lieber den umherziehenden Typen vom Schlage Pattons oder Johnsons und den Ragtime-Piano-Spielern. Die Sheiks waren nicht scharf auf das Stampfen schwarzer Füße auf nacktem Lehmboden, auf gelupfte Baumwollkleidchen, auf den Alkoholdunst in den Kaschemmen, auf deren gewalttätige Atmosphäre und auf Gigs, die die ganze Nacht dauerten. Sam Chatmon berichtet später angeekelt, wie er als 16jähriger einen Samenerguß hatte, als er in einem solchen Laden erstmals

8
MISSISSIPPI SHEIKS
‚Stop and Listen‘ (1992)

den Shimmy-She-Wobble und den Two-Step tanzte. Die *Sheiks* bevorzugten, speziell der besseren Bezahlung wegen, die Tanzmusik der weißen Herrschaften, spielten galoppierende Square-Dance-Reimereien, Balladen, anzügliche Witz-Liedchen, was eben gefragt und gut bezahlt wurde.

Die Depression der dreißiger Jahre setzte der beginnenden Schallplatten-Karriere des Chatmon-Clans ein Ende; die Plattenverkäufe sämtlicher Blues-Labels tendierten gegen Null. Die Zusammenstellung **‚Stop and Listen‘** faßt die leidenschaftslose, tief skeptische Musik der *Sheiks* gut zusammen, reicht zurück ins

Früher Blues: Trommeln in der Nacht, Congo Square, kultische Fragmente, schwüle afrikanische Nächte im Halbschatten der Südstaaten-Herrenhäuser, einfache Zupf- und Schlaginstrumente afrikanischer Tradition, Bläserblech der Militärkapellen, Tanzfiedeln: Was alles genau in den scharfen Gumbo gehört, der einst als Blues gereicht werden sollte, darüber sind sich die Experten auch heute noch nicht im klaren. In den Städten verfeinerte sich der Sud zu frühem Jazz und Ragtime, aber auf dem Land wurde gröber abgeschmeckt. Das war den Weißen und den nach Bildung und Anerkennung strebenden Schwarzen in den Städten zu animalisch: diese „Negermusik" taugte nur als gewagte Einlage in den Vaudeville-Shows. Mit schwarzer Schmiere über dem weißen Gesicht, als Abklatsch und entschärfte Parodie durfte diese Musik ihr Getto verlassen und ein Massenpublikum erobern – bereits hier dient der Blues als Blaupause für jegliche Popmusik der Zukunft. Die ersten „Blues"-Schellacks wurden denn auch von Weißen aufgenommen; den ersten Riesenhit verzeichnete der nicht-ganz-so-schwarze W. C. Handy, der James Last der Blues-Musik, mit dem zugegeben großartigen ‚Memphis Blues'. Handy, die Minstrels und die Sängerinnen und Sänger der Jazzbands definierten den Blues schnell als traurig, 12taktig und was der Klischees mehr waren. Doch draußen in den Schlafquartieren der schwarzen Landarbeiter, entlang der Bahnstrecken und auf den Straßen der Kleinstädte konnte der Blues jeden Takt haben, durfte er lustig, obszön, großmäulig und geil sein, die Musik des Teufels, und erst Ende der zwanziger Jahre war dieser Country-Blues auch auf Platte zu hören: Blind Lemon Jefferson eröffnete das durchaus lukrative Geschäft mit den race records, bis die wirtschaftliche Not der dreißiger Jahre den ländlichen Blues fast gänzlich zum Aussterben brachte.
Bevorzugtes Format: die Schellack auf 78 rpm, heute die mit digitalen Hilfsmitteln entknackte und entrauschte Edel-CD-Edition.

19. Jahrhundert, auf die Plantagen, in die Behausungen der Sklaven, in die Zeit vor dem Blues und ist ein gelungenes Beispiel für die pragmatische Haltung, die die Musik des schwarzen Amerika allzeit einzunehmen in der Lage war und ist, wenn es gilt, ein paar Dollar mehr einzunehmen. Ein guter Freund, diese CD: vertreibt die Flausen vom edlen Bluesmusiker ohne einen Ton schlechter Musik.

„Southern trees bear a strange fruit..."

Abteilung 3, in der einer Lady ein Kranz aus Gardenien gewunden und lang und breit in die jüngste Vergangenheit von Rhythm'n'Blues und Soul vorgegriffen wird

Die großen weißen amerikanischen Musiker der zwanziger und dreißiger Jahre waren farbenblind: Das fällt leicht, wenn man selbst die richtige Hautfarbe hat. Von Bix Beiderbecke bis Glenn Miller hörten sie die schwarze Musik und adaptierten den Sound für ein all-american Massenpublikum. Doch ihre Leistungen überstrahlt eine Stimme, black, brown and blue, die einer schwarzen Sängerin gehört, deren Aufnahmen in einer idealen Plattensammlung nicht fehlen dürfen: Ihre Stimme schweres Parfüm, verhangener Glanz, Todesahnung, die reine Dekadenz als Überlebensmittel – **Billie Holiday**. Drei Jahrzehnte umfaßte ihre Karriere, begann im Bordell, endete 1959 in einem Krankenhaus, wo sie als Heroinsüchtige verenden mußte – ein Mahnmal für ihre brothers and sisters, daß nicht einmal für viel Geld ein angemessener Platz in einer rassistischen Gesellschaft zu haben ist. Ihre Aufnahmen künden von strahlender Jugend und Schönheit, von Lebens- und Liebesleid, und sie reichen bis zur brechenden Stimme einer Todkranken.

Immer neue Zusammenstellungen mit ihrer Musik gelangen in die Läden, billig, oft sogar schlecht aufgemacht, aber trotzdem, trotzdem so wertvoll, sieben LPs für Neunneunzig – immer zugreifen, ob sie nun ‚Lady Sings the Blues‘ heißen oder **‚Lady Day‘**: Doubletten weiterverschenken, unbekannte Aufnahmen eingliedern in den Schrein für Billie Holiday. Vielleicht ist ja gerade dieser billige und

9

BILLIE HOLIDAY
‚Lady Day‘ (1986)

trashige Umgang mit ihren Aufnahmen dem editorischen Ansatz wohlmeinender Session-Buchhalter und der pseudopietätsvollen Haltung ihrer letzten Plattenfirma vorzuziehen, die uns etwa auf ‚Last Recording‘ auch noch ihr langsames Sterben zu Gehör bringen muß.

Während Billie Holiday für das gesamte Amerika strahlte, sang und starb, elektrifizierte sich der Blues. T-Bone Walker wurde zum In-

Urbaner Blues: Die wirtschaftlich bedingten Massenwanderungen schwarzer Arbeitsuchender in die Industrie-Zentren im Norden der USA und nach Kalifornien brachten innerhalb einer Generation den ländlichen Blues in die Lichter der Großstadt. Um nicht als täppisch und hinterwäldlerisch zu gelten, glichen viele Bluesmusiker ihr Erscheinungsbild dem hipperen Jazzorchester an; Piano suchte plötzlich Gitarre, Gitarre brauchte Strom, brauchte plötzlich Schlagzeug und Baß – um 1940 begann es daher eleganter zu tönen, wenn vom Blues die Rede war, mal mit dem Sänger und Gitarristen im Zentrum (Westcoast), mal eher am Gruppenspiel orientiert, das nach Combo-Vorbild solistischen Spielraum für jedermann ließ (Chicago), mal hart am R&B vorbeischrammend (Memphis). Die 12-taktige Bluesform wurde in den Rang eines Götzen erhoben, der das Zusammenspiel erleichterte; der Charakter des Blues als getragene und melancholische Angelegenheit setzte sich durch, um eine begriffliche Abgrenzung zu den wilderen und ungezügelteren Nummern zu haben. Gentlemen wie B. B. King oder T-Bone Walker geben seither die Blaupause ab für eine zur genormten Pose erstarrten Internationale des Blues, die nicht wenig zum kommerziellen und künstlerischen Niedergang dieser Musikrichtung beigetragen hat. Bevorzugtes Format: in Montreux aufgenommenes Live-Album.

begriff des Gentleman-Blues-Gitarristen, jetzt auch urban, jetzt auch in den Metropolen des Nordens, jetzt Stadtmaus, no more Landmaus. B. B. King und Muddy Waters folgten, erfolgreich, Konsens-Künstler, sicherlich großartig auf ihre Art und Weise, aber, ganz offen gesagt: Ich kann's nicht mehr hören! In meine ideale Plattensammlung kommt mir kein Ton Chicago-Blues, zu korrumpiert sind die Sounds, die Töne; die Epigonen haben selbst die Originale zu Tode geschändet. Eine ebenso eigenwillige wie repräsentative Sammlung bezieht ihren Wert auch aus den Lücken, die sie hörenden Ohres einfordert.

Statt dessen schreibe ich diese persönliche Bluesgeschichte fort mit jenem Bastard zwischen Blues und Jazz, der in der nächsten Generation Mama Country-Musik schwängern wird, um den Rock'n'Roll zu zeugen: Rhythm'n'Blues. Lionel Hampton kreuzte hin und her zwischen farbenblinder Stimmungsmusik, Jazz und ungebändigter Hysterie, andere begnadete Irre von Slim Gaillard bis Johnny Otis heizten die Show an, bis manch einer nicht mehr wußte, ob er Männlein oder Weiblein, Latino, Grieche oder Schwarzer war. Aus diesem Tohuwabohu der Stile holten sich Jazzer wie Charles Mingus knallharte Shouter, Honker und Tröter, die

Rhythm'n'Blues: Während sich Amerikas Jazz-Intelligenzija Mitte der vierziger Jahre mühte, Bebop zu verstehen, war der Rest der Jazz- und Blueswelt mit Geldverdienen beschäftigt. Die großen Orchester wurden zu teuer; immer öfter wurden kleinere Combos zusammengestellt und angeheuert, um dem Publikum der Nachtclubs und Tanzhallen einzuheizen. Jeder Musiker brachte seine Stärken ein, und daraus mendelte sich schnell ein meist saxophongetriebener Lärm heraus, der Blues und Cocktail-Musik, Boogie-Woogie und Harmoniegesang, Swing und Schaustellertum zum Unterhaltungskrach seiner Zeit – jedenfalls für ein schwarzes Publikum – vereinte und Rhythm'n'Blues genannt wurde. Die Spannbreite dieses Begriffs mag andeuten, daß er einerseits Aufnahmen von Big Joe Turner oder Ray Charles umfaßte, andererseits aber seltsame Jazz-Heilige wie Charles Mingus oder Rahsaan Roland Kirk aus solchen Bands ihren Nachwuchs rekrutierten.
Bevorzugtes Format: Komplett-Editionen auf obskuren Sammler-Labels

das dort erlernte Know-how postwendend wieder in trashige Alltagsmusik überführten, ob sie nun gerade R&B, Soul oder Funk hieß.

Der Musterkoffer gewinnt deutlich, auch an Gewicht, durch: ,**Atlantic Rhythm and Blues 1947–1974**‘, sieben Doppel-LPs voll unverzichtbarer Musik, gespielt und gesungen von der Aristokratie der schwarzhäutigen Jugendverderber, von Big Joe Turner bis Aretha Franklin, obwohl oft genug ein türkischstämmiger Mogul wie Ahmed Ertegun oder zwei jüdische Vollzeitneger wie Jerry Leiber und Mike Stoller dahintersteckten, wenn uns die vielen *Clovers, Searchers, Coasters* den Shimmy als teenagerkompatiblen Shimmy-She-Wobble unterzuwobbeln versuchten.

10
VARIOUS ARTISTS
,Atlantic Rhythm and Blues 1947–1974‘ (1985)

Die Gitarren wurden gottseidank nicht nur im Chicago eines Bo Diddley immer lauter, sondern auch in Memphis, Kansas City oder St. Louis heulten mächtige Wölfe: Howlin' Wolf kann einen allein durch seine Stimme und den Kantschädel einschüchtern, **Ike Turner** beeindruckt mehr als slicker Vorläufer der heutigen Gangsta-Rapper. Jahre nach seinen schwarzrockenden Glanztaten, als er im Schatten der kreischenden Tina weiße Hippies vollsülzen durfte, wollte ihn das Management von Bill Grahams Fillmore in San Francisco am Verlassen des Hauses durch den Bühnenausgang hindern, weil draußen auf der Straße Krawalle ausgebrochen waren. Ike Turner zog seine Pistole, machte, gefolgt von Tina und den *Ikettes*, die

Türe auf, feuerte ein paar Schüsse in die Luft und stieg in seine weiße Limousine. So überheblich, rotzfrech und megacool war Ike Turners Musik schon, als er unter fünfzig verschiedenen Namen für

11

IKE TURNER
‚The Legendary Ike Turner and the Kings of Rhythm – Hey Hey‘ (1984)

55 verschiedene Plattenfirmen gleichzeitig aufnahm, immer auf der Suche nach dem allmächtigen Hit, der ihn an die Spitze welcher Hitparade auch immer katapultieren würde. Ein Halbgott der Popmusik, dessen Platten von **‚The Legendary Ike Turner and the Kings of Rhythm – Hey Hey‘** bis zu den psychopathischen Synthesizer-Schlock-Funk-Nummern der späten Tina-Zeit jedwede Plattensammlung zieren.

Schwarzer Rock'n'Roll: Natürlich könnte man die frühen John-Lee-Hooker-Aufnahmen, Bo Diddleys manische Selbstbeweihräucherungen, Ike Turners Schweinchenschlau-Etüden und Howlin' Wolfs Gebell auch in anderen Schubladen unterbringen, aber Ehre, wem Ehre gebührt: Mit all den Rocks und Rolls in den Songtiteln, oft genug ohne Bläser, dafür mit rauchenden Gitarrenverstärkern, marodierte eine beachtliche Zahl schwarzamerikanischer Gitarreros durch die frühen fünfziger Jahre, ohne deren Mut zur weiteren Bastardisierung der alten Bluesformeln das gescheckte Baby Rock'n'Roll nicht so leicht hätte entbunden werden können. Interpreten wie Lil' Son Jackson, Chuck Berry, Fats Domino oder Little Richard sind zumindest die Erzengel an Elvis' Thron. Scharfe Bande!
Bevorzugtes Format: Singles, Singles und noch mehr Singles. Und die Musikboxen gehörten der Mafia.

„I don't know what it is, I just play it..."

Abteilung 4, in der weiße Studentlein in Sack und Asche gehen und Bob Dylan dreißig Jahre braucht, um seinen Stoff geregelt zu kriegen.

Ende der fünfziger Jahre war dank ein wenig Doo-Wop und jeder Menge Rock'n'Roll und noch viel mehr Schlagermusik der Blues so tot wie Schneewittchen. Da gab es hier ein wenig elektrifizierten Lärm auf Chess Records oder brave Sammler wie Chris Strachwitz bei Arhoolie, die in Zwergentreue den Glassarg bewachten, dort ein paar Jazzer, die den Blues taten, aber das schwarze Amerika zuckte zu anderen Sounds, soulful oder a capella: Der Neger in der Arbeitshose mit Gitarre, der Rumtreiber im schäbigen Anzug war sowas von out – Blues? Nein, wirklich nicht...

Wie immer aber, wenn die breite Mehrheit beginnt, eine Kunstform besonders degoutant zu finden, übernimmt eine randständige Gruppe Hipster gern die Rolle des Prinzen und weckt die schlafende Schöne durch einen Kuß oder läßt den Sarg fallen, um bei Schneewittchen zu bleiben.

Was in den neunziger Jahren der Easy-Listening-Musik oder dem Schlager wiederfuhr, geschah gegen Ende der Eisenhower-Ära mit

---

Easy Listening: 1993 publizierte ein auf entlegene Sozialpraktiken spezialisierter Verlag aus San Francisco das Buch ‚Incredibly Strange Music Vol. I' und sensibilisierte damit seine weltweite Klientel für die Freuden abstruser Musiken und Klänge aus dem Secondhand-Laden. Ausgewählte Exoten wie Yma Sumac oder Juan Garcia Esquivel, begnadete Kunsthandwerker wie Ennio Morricone oder Peter Thomas, flippige Instrumente wie das Theremin oder wohnzimmergroße Moog-Synthesizer erlangten durch die plötzliche Akzeptanz in Hipster-Kreisen überproportionalen Zugang zu den Medien, die das schnell von der „unglaublich seltsamen Musik" zum Easy Listening verkommende Phänomen begierig aufnahmen. Die Neugier auf subtile Störungen in einem Sozialgefüge, die Begeisterung für absonderliche Lebensläufe hat seither einem komödienstadlhaften Ironie-Mißverständnis Platz gemacht, das einem James Last die Rente sichert und Heino für witzig hält.
Bevorzugtes Format: LP vom Flohmarkt mit leicht beschädigtem Original-Cover und einer ellenlangen Geschichte, wie man sie ganz günstig gekriegt hat.

Blues und Bluegrass. Studenten in Boston entdeckten während ihrer komplexen Studien in Harvard oder am Massachussetts Institute of Technology die Schönheit des einfachen Lebens und verehrten vermeintlich uramerikanische Werte wie Ehrlichkeit, Unverdorbenheit und Aufrichtigkeit. Die fanden sie eher in den kratzenden Rillen alter Schellacks mit Liedern der einfachen Menschen vom Lande als auf den Grillpartys ihrer Eltern, die den heimischen Garten mit falschen Südsee-Utensilien zu einem Exotik-Surrogat verfremdeten.

Wer so wunderfeine Musik machen konnte, mußte ein guter Mensch sein: Der saufende und hurende Bordell-Musikant mutierte in der Phantasie der wohlbehüteten Studenten zum edlen Schwarzen, der inzestuöse Minenarbeiter zum feinen, einfachen Arbeitsmann aus den Appalachen, dessen Mittellosigkeit und Einfalt im Ausdruck direktemang zu einer Herzensbildung führt, die dem Städter per Zivilisation verwehrt ist.

Die originale Musik aus fernen Folk-Tagen hörte die stetig wachsende Glaubensgemeinschaft seit 1952 auf der von Harry Smith editierten ‚**Anthology of American Folk Music**‘.

Harry Smith war eine Mischung aus Drogenfreak, Wissenschaftler und Beatnik. Er hätte gut in Jack Kerouacs Bücher gepaßt, wie er mit seinem Tonband kultische Drogenrituale der Indianer Nordwestamerikas aufnimmt, wie er Lagerhallen und Hinterzimmer in abgelegenen Wüstenkäffern manisch nach Schellacks durchforstet, wie er sich beim Arbeitsamt als „Spezialist zur Bemalung von Entenattrappen" registrieren läßt, auf daß ihn keine mögliche Arbeitsvermittlung von seinem Wohlfahrtsscheck und seiner Sammelleidenschaft abhalten möge.

12

VARIOUS ARTISTS
‚The Anthology of American Folk Music‘
(1952/1997)

Chronisch bankrott wandte sich Smith um 1950 an das Folkways-Label und bot seine Schellack-Sammlung zum Verkauf an. Aus dieser Verzweiflungstat entstand die ‚Anthology‘, ein hermetisches Kunstwerk, dessen Geheimnisse heute noch nicht alle entschlüsselt sind.

Dies beginnt mit den numerologischen und alchemistischen Komponenten der Auswahl, Abfolge und inneren Beziehung der Stücke und findet mit Zitaten von Rudolph Steiner bis Aleister Crowley auf dieser ersten aller intellektuellen Pop-Platten – auf diesem ersten Mix – noch kein Ende. Dazu kam die fanzine-mäßige Bebilderung des umfangreichen Beiheftes und die umwerfend komischen, zu Zeitungsüberschriften eingedampften Zusammenfassungen Smiths von den tragischen Vorfällen in all den Balladen und schwermütigen Liedern: „KAPITALISTENTRAUM VOM GROSSEN GELD AN EISBERG ZERSCHELLT! MANN UND MAUS AUF BILLIGEN PLÄTZEN ERSAUFEN ZUERST!" All diese Lieder und Tänze hatten bis zur ‚Anthology‘ isoliert auf einzelnen Schellack-Seiten existiert, isoliert auch durch die geographische Entfernung zwischen den marginalisierten Bevölkerungsteilen, isoliert durch deren chronischen Geldmangel und den damit verbundenen, erschwerten Zugang zu Kommunikationsmitteln – alle Aufnahmen entstanden vor der flächendeckenden Verbreitung von Radio und Tonfilm, dem Beginn einer großen Sonderung des archaischen Musikmaterials.

Smith behauptete als erster eine Gemeinsamkeit zwischen diesen Aufnahmen, eine amerikanische Gemeinsamkeit. Er stiftete Identität, die Identität eines facettenreichen, gebrochenen Bildes einer Nation, einer, wie Greil Marcus es nennt „unsichtbaren Republik". Und Smith konnte durch das nagelneue Medium Langspielplatte den Beweis für die Gemeinsamkeit antreten, da er erstmals die verschiedenen Musiken nebeneinander stellen konnte, hörbar an einem Stück – und ohne jeglichen Hinweis auf die Hautfarbe der Interpreten, damit offen die damalige Praxis der Segregation attackierend und ad absurdum führend.

Für die Folkies war die ‚Anthology‘ die Bibel, ihr Altes Testament; sie lernten jedes Lied, jede Zeile nachzuspielen und nachzusingen. Und als sie dies taten, explodierte Harry Smiths psychedelische Botschaft: „Son House lebt, mit ihm auch ich. Tod, wo sind nun deine Schrecken?"

Die toten Helden tauchten auf, einer nach dem anderen, und jeder Harvard-Student, der hip war und sich einen VW-Bus leisten konnte, brummte im Sommer 1960 nach Louisiana oder Detroit oder North Carolina, um einen Überlebenden der ‚Anthology‘ zum Newport Folk Festival nach Norden zu schleppen. Der Rest ist Geschichte und heißt Bob Dylan. Der Rest findet sich auf einigen zehntausend Country-, Rock-, Folk- oder Punk-Schallplatten. Kurz vor seinem Tod konnte Harry Smith noch einen Ehren-Grammy mit den Worten entgegennehmen: „Es freut mich, daß aus meinem Traum Wirklichkeit wurde: Musik hat Amerika verändert."

Folk-Revival: Ausgehend von den Coffee Houses und Universitäten der Ostküste entzündete sich Amerikas studierende Jugend um 1958 an einer ureigenen, ihnen bisher von den Medien vorenthaltenen Musik Amerikas: dem ländlichen Blues der schwarzen Bevölkerung der Südstaaten, dem Liedgut der amerikanischen Arbeiterbewegung und den jahrhundertealten Balladen der angelsächsischen Hinterwäldler. Die gar nicht so wenigen Überlebenden der Boomjahre des Blues wurden auf die College-Bühnen re-importiert und dort von den Hütern der Authentizität so lange nach den Vorlagen ihrer Original-Schellacks getrimmt, bis sie als lebende Museumsstücke herumgereicht werden konnten. Erst eine zweite Generation von Folkies, angeführt vom jungen Bob Dylan, entwickelte eine eigene, nicht mehr dem reinen Kopistentum geschuldete Stimme, die den Gralshütern allerdings bald zu laut und zu poppig wurde. Anfang der neunziger Jahre war plötzlich wieder von Neo-Folk die Rede, als zahlreiche Punks der dritten Generation die gleiche Entdeckung machten wie ihre Väter und Mütter: Auch ein Banjo kann rocken. Bevorzugtes Format: LP mit selbstentworfenem Cover, gerne mit Linolschnitt-Negerkopf.

Einer der ‚Anthology'-Musiker hieß **Dock Boggs** und hauste zu Zeiten seiner Wiederentdeckung in Norton, Virginia. Als er 1963 von den Folkies aufgespürt wurde, kehrte der ehemalige Minenarbeiter, Schnapsbrenner und Raufbold zur Musik zurück, die er Jahrzehnte zuvor auf Geheiß seiner Frau wegen „Gottlosigkeit" aufgegeben hatte, um anschließend jahrelang ziellos mit dem Auto durch die Berge zu rasen, auf der Suche nach jenem Etwas, das er mit seiner knochentrockenen, biestigen und cholerischen Musik hatte ausdrücken können und dem jetzt das Ventil fehlte. Der weiße Blues des Dock Boggs ist der albinöse Bruder von Robert Johnsons Musik, geht ihm zwar ein Jahrzehnt voraus und tönt nach englischen Balladen und nach Banjo, aber die Abgründe, in die wir blicken, stehen in Schwärze und Tiefe den Kohlenschächten der Appalachen nicht nach, in denen Dock schon zu Kindertagen geschuftet hat. Einer von Boggs Biographen merkt mit Recht an, daß sein lustigster Song davon handelt, wie eine Frau von der riesigen Pranke ihres Gatten erstickt wird: soviel zu der Frage, ob generell ein Weißer den Blues singen könne – eine Frage, die nur von Roger-Chapman-Fans gestellt wird, um dann von Joe-Cocker-Fans bejaht werden zu können.

13

DOCK BOGGS
‚Country Blues' (1997)

Bis 1971 konnte man Dock Boggs Finsternis bei Konzerten erleben; heute bleibt nur die nicht ganz leicht erhältliche CD ‚Country Blues‘ mit allen Aufnahmen aus den zwanziger Jahren, das beste Mittel gegen Selbstmordgedanken.

Bald gab es in Neu-England mehr Banjo-Spieler als Ingenieure: Das Folk Revival hatte sich durchgesetzt und bescherte der Welt neben allerlei Kunsthandwerk auch ebenso unterhaltsame wie perfekte Retro-Musikanten wie die *New Lost City Ramblers*, Dave van Ronk oder Eric von Schmidt. Altlinke wie Woody Guthrie und Pete Seeger wurden ob des Staubes auf ihren Schuhen zu Studenten ehrenhalber erklärt. Was die Studenten auf ihren Reisen durch den Süden erlebten, was sie von ihren neuen Freunden hörten, führte dann in den sechziger Jahren zu einer direkten und innigen Verknüpfung von Musik und Bürgerrechtsbewegung, von guter Sache und guter, anständiger Musik, die erst Bob Dylan mit seiner elektrifizierten Attacke auf die Aristokratie der Wohlmeinenden beim 65er Folkfest in Newport torpedierte. Und Dylan selbst mußte dreißig Jahre älter werden, um auf den zwei kargen, mutigen Platten ‚**Good as I Been to You**‘ und ‚World Gone Wrong‘ jene Musik

14

BOB DYLAN
‚Good as I Been to You‘
(1992)

nochmals und gar nicht museal und endlich erwachsen geworden für eine neue Generation auszubreiten: Daß er dabei klingt wie Dock Boggs, kann kein Zufall sein.

„The song remains the same"

Abteilung 5, in der sich der Blues von allzuviel Echtheit erholt und einen lautstarken Übersee-Aufenthalt bucht

Existierte der Blues um 1960 in seiner Heimat Amerika nur noch als weltfremdes Ideal einer weißen Bildungselite, so sickerte er zur selben Zeit als Contrabande von Geschmacksfreibeutern und Klangterroristen in Irland und England ein. Van Morrisons Vater, ein Hafenarbeiter, hörte lieber Leadbelly oder Hank Williams als toupierte Schlagertussis und gab diese Leidenschaft an seinen Sohn weiter. Mick Jagger und Keith Richards dachten als Kinder, Big Bill Broonzy sei der letzte Überlebende einer seltsamen Rasse – eine Art Pandabär – zum Aussterben verurteilt. Also entschlossen sich all over Great Britain eine Handvoll Jungspunde zu einer Rettungsaktion. In jeder größeren Stadt gab es bald einen Club, wo man solch fehlgeleitete Teenager samt ihren kettenrauchenden Mentoren den Rhythm und den Blues tun ließ; doch wenn letztere bereits zufrieden schienen, wenn ein Chris Barber oder ein Dave Brubeck Hitparadenluft schnüffeln durften, wollten die Youngster mehr.

Ein völlig unpassend zusammengewürfeltes Sextett um den Sänger Mick Jagger und zwei Gitarristen namens Brian Jones und Keith Richards nahm schließlich 1963 diese Bluessache selbst in die Hand. Richards formulierte damals sehr treffend, daß Negermusik nur deshalb keiner hören wolle, weil deren Macher alle alt, häßlich und schwarz seien. Also eliminierten die ansehnlichen Taugenichtse alles Alte und hellten manches Schwarze auf; vor allem fummelten

15

THE ROLLING STONES
‚The Rolling Stones' (1964)

sie am oft gemächlichen Tempo ihrer Helden, schraubten ein wenig am Auspuff herum, packten ordentlich Hysterie in den Tank und legten schließlich einen Kavaliersstart hin, dessen Bremsspur heute noch nach verbranntem Gummi riecht: das titellose Debüt der **Rolling Stones**.

Der Blues hatte plötzlich wieder ein Gesicht: das eines ausgemergelten Erstsemesters aus Dartford. Einen toten Gitarristen und zwei Manager später wird es den *Rolling Stones* sogar gelingen, den Blues nicht mehr nur teenagerkompatibel zu gestalten, sondern ihn abzulegen wie einen lästigen Kokon: und heraus schwebt, nein, schleicht, wütet, marodiert ein völlig neuer Blues, der Blues des ‚Midnight Ramblers‘, ein dekadenter Blues, der alle Drogen und Perversionen überstanden hat, sarkastisch, böse, blutig, fremd, so fremd wie ein Alien ‚2000 Light Years From Home‘. Und genauso faszinierend.

Wir kommen einfach um die paar essentiellen Zentimeter *Rolling Stones* in unserer unbefleckten Plattensammlung nicht herum, auch wenn heute VW-Arbeiter zur Verbesserung des Betriebsklimas ‚You Can't Always Get What You Want‘ summen müssen: Da brauchen wir neben dem Debüt noch die widernatürliche Verschmelzung von Robert Johnson und *Velvet Underground* namens **‚Beggar's Banquet‘**, dessen Dessert – halb nekrophile Pizza, halb heroinsüße Geburtstagstorte – **‚Let it Bleed‘** und schließlich noch die zum Völlegefühl passenden Alpträume von **‚Exile on Main Street‘**.

16–18

THE ROLLING STONES
‚Beggar's Banquet‘ (1968)
‚Let it Bleed‘ (1969)
‚Exile on Main Street‘ (1972)

Mit diesem *Stones*schen Quartett ist man musikalisch im Herzen der Rockmusik verankert, als habe man den hölzernen Pflock höchstselbst dort hineingetrieben. Vor allem ‚Exile...‘ ist mehr als nur eine Schallplatte: Sie ist Vinyl gewordene Zeit. Sie ist Sittengeschichte und das Beste aus zwei Welten und Zeiten. Schnatternder Blues in weitläufigen Schloßparks, klappernde Gerippe mit diamantenem Gebiß, kalte, feuchte Kellergewölbe voller Geschmeide, Spermaflecken auf Satin, leere Spritzen in Marmorbadewannen. Der Champagner in den Flaschen schon abgestanden. Verkaterte Sünder heulen den lieben Gott um Vergebung an, während ihre Hände minderjährige Mädchen befingern. So tönt das für mich beste Album der Rockgeschichte.

Hinter den *Stones*, neben den *Stones* wütete der britische Blues-Boom um die Welt.

Den Fremden von der Insel war es ein zweites Mal gelungen, den Eingeborenen Amerikas ihr Wertvollstes zu nehmen. Und diesmal sollte kein George Washington die Briten ins Meer treiben. *Fleetwood Mac* erhoben ihr schreckliches Haupt; *Cream* ließen sich „besser als echt" auf den Arsch tätowieren; John Mayall blies, Brian Auger drückte, Stevie Winwood sang. Jimmy Page schmiß die kleinen Hurenjobs für aufgeblasene Produzenten wie Andrew Oldham

Britischer Blues: Now you see it, now you don't. Dieser Standardsatz der Trickbetrüger und Hobbyzauberer ist die akkurate Beschreibung der britischen Inselwelt vor und nach dem ersten Auftauchen von Blues und Rhythm'n'Blues in den Hitparaden. Gerade war da noch ein von Post-World-War-II-Depressionen geschütteltes Teetrinkerland, zack, schon nässen sich eine Million Mädchen die Höschen beim Hören verzückender Slide-Gitarren-Töne ein. Dazu balzt und schnalzt der Blues – gestohlen, na und – transformiert in ein white european middle class Phänomen, den ewigen Jugendlichen. Neben den Erlösern von den *Stones* entsteht in kurzer Zeit ein Pantheon des britischen Blues: Rod Stewart, *Cream*, Jeff Beck, die *Yardbirds*, Graham Bond, John Mayall; Die Götter mutierten monatlich, vergröberten sich, entfernten sich von den Vorbildern, überbetonten ursprünglich randständige Aspekte des Blues; es entstanden hart rockende Bands von *Led Zeppelin* über *Humble Pie* bis *Black Sabbath* in einem stilistisch engen Orbit, aus dem satanistische Grand-Guignol-Geschütze unentwegt ihre herben Boogie-Salven auf die Erde feuerten. Ebenso lächerlich wie unwiderstehlich. Die Amis kopierten natürlich gerne die Briten, so wie diese die Amis kopierten: *Mountain* oder *Grand Funk Railroad* hinterließen nur mehr verbrannte Erde.
Bevorzugtes Format: LP mit Klappcover

oder Joe Meek und gründete **Led Zeppelin**, die nach dem ewigen Geheimrezept der Popmusik – „Was Du nicht verfeinern kannst, das mußt du vergröbern!" – solange am Blues anstückelten, bis ein Bluesrock daraus wurde, ein Heavy Rock, ein Hard Rock, den bald alle übergeworfen hatten von *Humble Pie* bis *Black Sabbath*, allesamt verehrungswürdige Abstrusitäten aus einer unschuldigen Zeit – die liebenswerten Monster aus der schwarzen Blues-Lagune.

Wo andere allerdings nachlässig wurden, stolperten und schließlich fielen, versuchten sich *Led Zeppelin* am Riemen zu reißen und unnachgiebig böse, sinister, geldgierig, schwarzmagisch und pervers zu bleiben, bis sie Mitte der siebziger Jahre tatsächlich ihre Version des Blues zur erfolgreichsten Musik auf diesem Planeten aufgedonnert hatten – Satanismus funktioniert und verkauft zweihundertmal in Folge den Madison Square Garden den aus! Und wenn es doch nicht der Devil war, der für beispiellosen Erfolg sorgte, so doch ein relativ unbekümmerter Umgang mit dem verschnarchten Begriff der Authentizität. Es schreiben uns *Led Zeppelin* frei nach ‚The Song Remains the Same‘ ins Poesie-Album: „Sing einfach Hare Hare/

19

LED ZEPPELIN
‚Led Zeppelin III‘ (1970)

tanz den Hoochie Koo/denk nur an das Bare/abkassier'n tust Du!"
Na dann: Stellen wir uns **,Led Zeppelin III'**, quasi als Referenzwerk
des Monströsen, als das private Folk-Revival Robert Plants ins Regal und denken dabei an Aleister Crowleys brennendes Herrenhaus
hoch oben bei Loch Ness, an das Eröffnungsriff von *Thin Lizzy*s
,The Rocker' oder Alvin Lees Gitarrensolo am Ende von ,Boogie
On', dem ansonsten vermutlich peinlichsten Stück der ganzen Popgeschichte.

Und weil wir ja schon gerade dabei sind und uns nichts Mensch-
liches fremd sein soll in diesem Buch: Es fehlt noch die eine, die im
Cecil B. De Milleschen Sinne monumentale, die unverzichtbare *Status Quo*-Platte, auf der die Idee vom Blues
zur Pappmaché-Attrappe wird, zum leeren Gefäß uner-
füllter europäischer Bubenträume, zum Stein der Debi-
len, die einen Südstaatenzug mit der Schülermonatskarte benutzen
wollen: **,Piledriver'**.

20
STATUS QUO
,Piledriver' (1972)

Wem das nicht in den Unterleib fährt, der mag sich an Statistiken
aufgeilen: weltweit über 100 Millionen verkaufte *Status Quo*-LPs,
fünfzig Charts-Notierungen allein in England, da hilft nichts, da
muß man was von haben.

„Gimme dat harp, boy..."

Abteilung 6, in der hochmusikalische Amerikaner eine andere Art elektrifizierten Blues suchen, finden und kaputt machen.

In den USA stöpselte in den Jahren nach Dylans wegweisendem Sakrileg eine ganze Heerschar von ehemaligen Folkwiederbelebern die Gitarren in billige Verstärker, um über eine angemessene Lautstärke auch zu angemessener Beachtung zu finden. Aber nur wenige spiegelten ihre Befindlichkeit in den trüben Wassern des Blues; Country war angesagt, süßes Landleben, rauh, aber herzlich wie der Schluß von ‚Easy Rider'. Blues auf der Höhe seiner Zeit, also auf der Höhe des Jahres Woodstock, machte gerade mal der junge **Taj Mahal**, der mit Ry Cooder zusammen eine vielversprechende Band namens *The Rising Sons* vergeigt hatte und schon auf Grund seiner Hautfarbe gern als authentischer Blues-Mann durchgehen konnte: Soviel Gehirnschwurbel und Rezeptionsmißverständis verlangt nach einem gut gepolsterten Platz auf dem Rücksitz dieses Plattensammlungs-Cadillacs: Taj Mahal – so echt wie eine bauchige Rotweinflasche beim Italiener um die Ecke. Allein schon der Name ist ganz weißer Marmor in indischer Nacht, allein schon die gurrende Stimme, der blitzende Blick läßt Mädchenherzen höherschlagen. Sein ‚**Recycling the Blues & Other Related Stuff**' signalisiert bereits im Titel den zeitgemäßen Umgang mit Original-Material; zu sachten Kalimba-Klängen macht sich erst einmal der other related stuff breit, sanft, sachte, akustisches Petting, bis wir uns einer relaxten Blues-Liebesnacht hingeben dürfen, die dem zärtlichen Vorspiel in nichts nachsteht. Gepriesen sei der Mann, der die *Pointer Sisters*, Ry Cooder, Jesse Ed Davis, Lightnin' Hopkins und Howard Johnson ins Studio locken konnte: So klingt wahrer Crossover, über alle Stile und über die Zeit hinweg, bis in alle Gegenwart, cool.

21
TAJ MAHAL
‚Recycling the Blues &
Other Related Stuff' (1972)

Der geistige Vater einer anderen Variante des Crossover, **John Lee Hooker**, erlebte in jenen frühen siebziger Jahren, als sich der Boogie so fein mit den Hippie-Grooves paaren ließ, mit und neben den

Aufnahmen mit *Canned Heat* seinen dritten Frühling. Ein feiner Bastard, dessen absurder Witz sich erst nach einigen Jahrzehnten weiteren Lebens und Sterbens angemessen erschließt und Stoff bietet für mindestens zwei weinselige Abende voller wüster Geschichten: ,**Endless Boogie**' eben. Hier wird eine stets nach vorne treibende Musik auf die Gleise des Stereotyps gesetzt und die weißen Mucker setzen den schwarzen Triebwagen so stark unter Dampf, daß

22
JOHN LEE HOOKER
,Endless Boogie' (1971)

sich der endlose Boogie in eine zeitlose Körpermusik übersetzt, die heute Techno oder Jungle heißen würde und vor ein paar Jahrzehnten noch allein das rhythmische Fußstampfen eines Charlie Patton zu den ewig gleichen Geschichten und Scheppertönen seiner Gitarre gewesen ist: Doch das alkoholdrogensexbesessene Tosen um den ewigen Musiker herum ist dasselbe geblieben. Und als Text reicht es, wenn John Lee Hooker alle zwei Minuten „well, well, well" raunzt.

Um 1970 ist der Blues trotz John Lee Hooker und trotz Jimmy Hendrix die Musik der weißen Kinder. Johnny Winter kann als „weißer Neger" vermarktet werden; mit Janis Joplin hat gerade eine texanische Alkoholikerin den Blues-Olymp vollgereihert. Van Morrison klöppelt aus John-Lee-Hooker-Manierismen, Popstar-Allüren und angemieteten Jazz-Muckern seinen ausgespacten New-Age-Blues zusammen. Rock in all seinen Spielformen baut auf dem Blues auf; wir treffen seine Vergröberer; wir hören ihn verfeinert und vergöttert. Und wir begegnen den Totengräbern des Blues. Wir machen Platz für sie in unserer besten aller Schallplattenwelten, Platz für Ry Cooder, Captain Beefheart und Mayo Thompson.

Ry Cooder trägt der Popkenner heutzutage wie Calvin-Klein-Unterhosen: paßt, sitzt und steht ein guter Name drauf. Aber so wie Calvin Klein sein hervorragendes Unterhosen-Repertoire zugunsten von geschwätzigem Parfum und unerträglichen Sweat-Shirts vernachlässigt, so riskiert es auch Ry Cooder, aus einem wahrhaft guten Namen einen angeblich guten Namen werden zu lassen. Der gebürtige Kalifornier ätzte seine Initialen schon in Teenagerjahren in herausragende Aufnahmen mit Captain Beefheart oder *Paul Revere & the Raiders*, verbesserte en passant ,Let it Bleed' von den *Rolling*

Stones, um schließlich mit technisch versierten, aber milde traditionalistischen Bluesalben eine Solokarriere zu starten. Mitte der siebziger Jahre hatte Cooder dann seine Zauberformel gefunden: Eingebettet in die reiche schwarzamerikanische und karibische Musiktradition, hauchte er Blues und Gospel hawaiianischen und mexikanischen Sauerstoff ein, der zu einer neuen, minzfrischen Art von Mundgeruch führte. Cooder-Exegeten streiten sich von Lexikon zu Nachschlagewerk über die wirklich empfehlenswerten Platten des Maestros; wir winken ab und ordern ‚**Paradise & Lunch**‘, auf der sich Gassenhauer, Gospel und guter Groove ganz gemütlich auf dem Sofa fläzen. Der Raucher mag zu ‚I'm a Fool for a Cigarette‘ schunkeln, Ehemänner mögen weise nicken, wenn von einer Scheidung auf mexikanisch die Rede ist oder wenn Ry Cooder konstatiert, daß ‚Married Man's a Fool‘ sei. Und der Pastor von nebenan schwärmt gerne vom direkten Draht zum HErrn: ‚Jesus is on the Mainline‘ – bei dieser Platte fühlt sich jeder wohl. Womit wir allerdings auch beim Cooderschen Kernproblem wären: die Nähe von gutem Geschmack zu Geschmäcklerischem, von solidem Handwerk und Oberlehrertum, von polyglottem Eklektizismus und Weltmusikgedaddel. Ry Cooder gehört zu den Totengräbern des Blues as we knew it, weil er die kruden Seiten dieser Musik zugunsten von Geläufigkeit und Gefälligkeit vernachlässigt. Bleib bei deinen Unterhosen, möchte man ihm ein für allemal zurufen, wang dang doodle!

23

RY COODER
‚Paradise & Lunch‘ (1974)

Ganz anders **Mayo Thompson**: Er haßte den Blues seit Kindertagen, haßte seine weißen Erstsemester-Propheten und das ganze Getue um Authentizität und den edlen schwarzen Mann. Gott, das Zeug mußte doch totzukriegen sein! Ein erster Anlauf dazu war seine texanische Un-Musik-Band *Red Krayola* (mal mit K, gern auch mit C), die Mitte der sechziger Jahre einen Guerillakrieg gegen musikalische Sentimentalität führte. Später wirkte er als Guru und Gitarrist bei *Pere Ubu* und als Produzent beim wegweisenden Rough-Trade-Label in London. Derzeit erschreckt er wieder Kunststudenten mit der x-ten *Red Crayola*-Version. Aber während eines Vakuums, zwischen *Red Krayola* und einer Zeit als Assistent des Pop-Artisten Robert Rauschenberg,

24

MAYO THOMPSON
‚Corky's Debt to His Father‘ (1970)

nahm Mayo Thompson seine Blues-Platte auf: dialektisch, praktisch, gut. Der Form und den Inhalten ergeben, aber sie dehnend und auswalzend wie vor ihm und nach ihm keiner mehr: Wenn der Blues Dorian Gray sein sollte, dann ist Thompsons ‚**Corky's Debt to His Father**' Mr. Hyde. Mit dieser Platte kann man Menschen vertreiben, Freunde fürs Leben gewinnen oder marxistische Diskussionszirkel gründen. Eine unberechenbare Wunderwaffe.

Ähnliches gilt für **Captain Beefhearts** 1970 entstandenes Grundlagenwerk ‚Trout Mask Replica'. Der Münchner Autor und Musiker Carl-Ludwig Reichert ließ einst wie nebenbei den Satz fallen: „Nur wer sich alle vier Seiten von ‚Trout Mask Replica' am Stück anhören mag, kann mein Freund sein." So apodiktisch macht ‚Trout Mask Replica' selbst die Sanftmütigen. Die Musik, in zwölfmonatiger Klausur unter Schutz und Schirm von Frank Zappa gewachsen und dann doch blitzartig an ein, zwei Tagen aufgenommen, wirkt übermenschlich, entrückt, ist der Urmeter der Gitarrenmusik. An dieser Platte zu messen heißt: aufhören, Musik zu machen. Nein, wir stellen uns keine ultimative Frustrationswaffe ins Regal; wir greifen lieber zu ‚**Clear Spot**' von *Captain Beefheart and His Magic Band*. Hier versucht der Captain alias Don van Vliet, seine Grundlagenforschung wieder in kommerzielle Nutzanwendungen zu überführen, den „Blues für das neue Jahrtausend", der ihm von Journalisten zugetraut wurde, mit den Pop-Bedürfnissen des Alltags zu vereinen.

25
CAPTAIN BEEFHEART
‚Clear Spot' (1972)

Jedes der zwölf Lieder beginnt mit einer klanglichen oder rhythmischen Sensation, ähnlich einem elaborierten „ersten Satz" eines Romans, und führt in die einerseits formal vertraute, im Sound und in den Texten aber bizarre Welt der *Magic Band* – eine perfekte Platte, avanciert, aber von menschlichem Maß, aufgenommen vor einem zwar unterschätzten, aber doch eher unglücklichen Abstecher des Captains in die kommerzielle Gefälligkeit, vor seiner Rückkehr als Erzengel des Blues, der um 1980 alles aus dem Garten Eden der Popmusik vertrieb, was eine Gitarre halten konnte. Vor seiner Karriere als bildender Künstler. Vor dem Ausbruch seiner Multiplen Sklerose. Eine der fünf besten Platten der Popgeschichte, was man schon an Songtiteln wie ‚Her Eyes Are a Blue Million Miles' oder ‚My Head is my Only House Unless it Rains' ermessen kann.

„How far can too far go?"

Abteilung 7, in der am Blues unerlaubte Gen-Experimente durchgeführt werden, die zu ziemlich übersteuerten Ergebnissen führen.

Ich glaube, das *Led Zeppelin*-Live-Doppelalbum ‚The Song Remains the Same' hat dem Blues Mitte der siebziger Jahre das Licht ausgeknipst. Diese inszenierte Pose, mit der die englischen Superstars mitten im Lied „plötzlich" in den Blues ausbrechen: man möchte ihnen heute noch aufs Theremin kotzen. Klick, weg war der Blues. Dann war eh Punk, und es mußten vier, fünf Jahre vergehen, bis über den Umweg eines Rockabilly-Revivals die *Cramps* den Blauen Zug auf die untergründige, die *Stray Cats* auf die Hitparaden-Schiene setzen konnten. Alte, in Mißkredit geratene Formen konnten mit einem Mal wieder benutzt, neu kodiert und mit Vitalität aufgeladen werden. Der Blues hatte sich verwandelt, die Musiker hatten sich verwandelt. Blues war keine zwangsläufige Rückversicherung der Gegenwart in einer angeblich sicheren Vergangenheit mehr, Blues erschien plötzlich als Zukunftsentwurf, als Möglichkeit einer knappen und klaren Form, durch die man seinen Über-

> **Rockabilly:** Um 1954 setzte sich im Süden der USA ein Trend durch, die zwar emotional ansprechenden und im Alltagsleben fest verwurzelten Countrygospelsongs à la Jimmie Rodgers oder *Carter Family* mit dem vitaleren Vortragsgestus und dem Repertoire der Rhythm'n'Blues-Kapellen zu impfen, anfangs allerdings gerne im 3/4-Takt. So gelangte im Windschatten des gerade verstorbenen Hank Williams etwas afroamerikanischer Wind ausgerechnet in die Tanzhallen der reaktionärsten Gegenden in den USA, deren Integrationsfähigkeit in Sachen Musik andererseits bereits durch die problemlose Verschmelzung deutscher, böhmischer und mexikanischer Volksmusiken bewiesen war und deren Innovationskraft durch so gewagte Kreationen wie Western Swing (gekreuzt aus Bigband-Jazz und Countrymusik) außer Zweifel stand. Elvis Presley, Roy Orbison oder Carl Perkins taten den Rockabilly, bis das hinterwäldlerisch klingende -billy dem etwas urbaneren und stärker an weißen Publikumsbedürfnissen orientierten Begriff Rock'n'Roll weichen mußte.
> Bevorzugtes Format: CD mit dem Vermerk ‚The Complete Sun Recordings'.

schwang wie auch seine Geworfenheit im Hier und Jetzt verankern konnte. Blues war plötzlich etwas, das er noch nie vorher gewesen ist: cool.

Die erste Platte, die dieses Credo des neuen Blues verkündete, war **,Fire of Love'** des **Gun Club**. Schon das Cover spricht (Ein-)Bände: Ein fieses Lila als Grundfarbe kollidiert mit Grasgrün. Draufgepappt sind drei ungelenk ausgeschnittene Photographien von Schwarzen, die in den

26
GUN CLUB
,Fire of Love' (1981)

Proportionen nicht zusammenpassen und offensichtlich mit Voodoo-Praktiken befaßt sind, Totenschädel tragen, Augen verdrehen, mit rituellen Schwertern fuchteln. Die Rückseite offeriert zwei Reihen mit Flaschen und Dosen, wie man sie in okkulten Schnickschnack-Boutiquen findet, dazu eine Reihe mit Schnapsflaschen. In den Schnapsflaschen erkennen wir völlig zu Recht die vier Musiker; die Voodoo-Bouteillen verkünden die Songtitel und sind mit amateurhaften Vignetten versehen, einem gehörnten Elvis etwa oder einer Mumie auf dem Highway. Die Platte explodiert mit den ersten Tönen von ,Sex Beat', und seither werden die Trümmer weggeräumt. Natürlich ist eine Robert-Johnson-Coverversion zu hören, quasi die Batterie, aus der jener neue Blues gestartet sein will. Natürlich ist alles zentriert um das Jaulen des egomanen, früh verfetteten, früh verstorbenen Jeffrey Lee Pierce, Ex-Präsident eines *Blondie*-Fan-Clubs und Redakteur der stilbildenden Punkzeitschrift ,Slash'. Aber das war's auch an Natürlichem: Der Rest ist naturidentischer Wahnsinn, aufgebohrter Historizismus, ein antikes Weltreich, schutzlos der Plünderung durch die Punkhorden ausgeliefert. Und Gefangene wurden nicht gemacht. Was für eine visionäre Platte!

Daß hier kein Einzeltäter am Werk war, bestätigte im folgenden Jahr der Menjou-Bärtchen-tragende Sonderling **Tav Falco** aus Memphis, der mythischen Heimatstadt jedes zweiten Bluesmusikers. Tav Falco regierte mit Narrenhand über eine Band, die den genialen Namen *Panther Burns* trug, an seiner Seite der damals an seiner Auferstehung arbeitende Rock-Messias Alex Chilton. Sie siedelten

27
TAV FALCO & PANTHER BURNS
,Behind the Magnolia Curtain' (1982)

ihren Blues **,Behind the Magnolia Curtain'** an, einem Ort für eine Robinsonade, wo alles neu erfunden, wo improvisiert und geblufft werden muß, um überleben zu können. Der Blues schleicht hier im Gewand von Walzern, Tangos, von Schiebern und Schlagern einher. Alles wurde im ersten Anlauf eingespielt und aufgenommen; jeder Fehler, jeder falsche Ton kommt von Herzen, scheidet die Klugscheißer von den Erleuchteten, von jenen neuen Blues-Aficionados, die hinter die Töne hören können, hinter die starren Formeln und Regeln. Tav Falco, wie er hinter dem Bühnenvorhang verborgen ins Publikum lugt: dieser Anblick, ein paar Jahre später in einem Münchner Club erhascht, enthielt die spitzbübische, die schüchterne, die hemmungslose, die so liebenswerte Haltung dieses Mannes, die er zu Musik werden lassen kann.

Auf ‚Behind the Magnolia Curtain' spannt Tav Falco den Bogen von W. C. Handy bis zu R. L. Burnside, von der Verhausschweinung des Blues also bis zu seiner rauhesten Wilde-Männer-mit-Tonnenbauch-Variante, die erst Mitte der neunziger Jahre so richtig wiederentdeckt und für hip befunden wurde. Wenn es so etwas wie visionären Schrott geben sollte, dann ist diese Platte voll davon.

Psychobilly: Speziell die englischen Teddyboys liebten den nervösen Rumpelsound über die fünfziger Jahre hinaus, zogen ihn gar dem kommerzieller werdenden Rock'n'Roll vor und boten den alternden Rockabilly-Heroen wie Sleepy LaBeef oder den *Everly Brothers* ein geregeltes Einkommen, bildeten sogar eigene, hochenergiegeladene Combos wie *The Countbishops*. So überstand der totgeglaubte Rockabilly wie ein Virus viele Jahrzehnte, um gegen 1980 erneut auszubrechen: Im Spannungsfeld zwischen *Stray Cats* und *Cramps* mutierte das Genre zum Psychobilly der achtziger Jahre: Bands wie die *Meteors* ließen mit überlichtgeschwindem Rockabilly-Punk einen Sommer lang manch Prolo-Herz schneller schlagen. Schließlich entwickelte sich Mitte der achtziger Jahre sogar eine Art Rockabilly-Avantgarde mit den gehetzten Platten der wunderschönen Danielle Dax oder den Trash-Orgien von *Alien Sex Fiend*. Doch wie bei Virus-Erkrankungen üblich: Vorbei die Epidemie, vergessen das Fieber. Wo Rockabilly momentan winterschläft, ist unbekannt.

Bevorzugtes Format: Re-Issue-LP mit trashigem Cover, gerne ein Totenschädel unterm Cowboyhut oder ein bloß mit Pistolengurt bekleidetes Pin-Up-Girl aus den fünfziger Jahren.

Der Messias des erneuerten Blues kam allerdings nicht aus Memphis und nicht aus Louisiana. Sein Sumpf, das brackige Wasser, aus dem dieser düstere Engel mit vollen Händen schöpfte, um die Teenager dieser Welt zu taufen, liegt noch weiter südlich, liegt in Australien. Diese schlangenverseuchte, ausgedörrte, überflutete Weltengegend wird zum Referenzpunkt für die sadomasochistisch aufgeladenen Bluesphantasien **Nick Caves**, die erstmals auf der EP ‚Mutiny!‘ (1983) aus ihrem Rock’n’Roll-Kokon brachen und im Lauf der Jahre und unter Mithilfe des manieristischen Eiteltropfs Blixa Bargeld zu einer Art Designer-Dekadenz mutierten, die den Gensatz eines Robert Johnson mit der Lässigkeit Frank Sinatras vereint, um daraus Rosemaries Baby zu klonen.

Aus der völlig richtigen Einsicht heraus, daß die Welt einen neuen Elvis brauche, kleidet sich Cave in jene Stoffe, die die dunkle Seite des Kings verbargen, in inzestuöse Baumwolle, voyeuristischen Satin, in Ed Geins Menschenhaut, schließlich in das Fell des verlorenen Schafes, nach dem der HErr so verzweifelt suchte. Diese Vermählung von Blues, nihilistischem Formenspiel und barbarischer Religiosität erreichte seine größte Intensität auf ‚**Your Funeral, My Trial**‘, als Nick Cave überzeugend den Wiedergänger auf dem Kreuzweg gab, Schächer und Erlösender in einem, die Finger noch blutig und auch der Mund, in der einen Hand die

28
NICK CAVE/THE BAD SEEDS
‚Your Funeral, My Trial‘ (1986)

Dornenkrone, in der anderen ein Fleischermesser. Bis heute begeht der bleiche Leidensmann stellvertretend für uns seine finsteren Handlungen, um ebenso stellvertretend die Schuld auf sich zu nehmen oder die Untat ins Reich der religiösen Notwendigkeit, des Wahns also, zu entrücken. Dazu nölt die Hammond-Orgel, faucht und knistert die Gitarre – ein arianischer Gottesdienst in dunklem Psycho-Tann: Nick Cave führt die existentialistischen Nöte der frühen Bluesmusiker heim in den sakralen Raum und reicht uns als Lösung die Pistole, als wären wir Offiziere der K&K-Monarchie. Dazu ermöglicht er, über die Jahrzehnte hinweg, die Vereinigung von Zwanziger-Jahre-Berlin nebst Kurt Weill oder Claire Waldorf mit den abgelegenen, animistischen Tanzvergnügungen der amerikanischen Sklavenkinder, versöhnt so Europa mit Afroamerika – das kann wohl nur ein Australier.

Unmittelbar neben dieses ursprünglich im seltenen Doppel-Maxi-Format erschienene Album gehört ‚**The Low Road**‘ von **Beasts of Bourbon**, Australier wie Nick Cave, die in knapp fünf Jahren mit Caves Blues geschafft haben, wozu die Pop-Historie vor ihnen fünf Jahrzehnte mit dem Original brauchte: den Blues in Stahlmantelgeschosse zu verwandeln, in silberne Kugeln meinetwegen, die jeden Satan, jeden Heiland aus den Latschen kippen lassen. So wie die *Stones* oder *Led Zeppelin* eine den sechziger Jahren gemäße Fata Morgana jenes Blues bildeten, der um die Jahrhundertwende entstand, so sind *Beasts of Bourbon* ein Zerrbild der *Stones-* und *Led-Zeppelin*-Tage, die ihre Musik mit der Nonchalance eines Wrestlers zu Gehör bringen. Tief greifen Baß und Schlagzeug in die Hose, reißen die Gitarren die Kleider in Fetzen, so laut alles, so brachial, so sexy: vielleicht die letzte unpeinliche Männer-Platte der Popgeschichte, die selbst schon hinüberlappt in die Genderdiskussionen führende Gegenwart, wenn die australischen Machos einen hyperentfremdeten, von seinen *Stones*-Eltern noch schamhaft ins Bootleg-Gewerbe abgeschobenen ‚Cocksucker Blues‘ anstimmen, der die Geschlechterrollen ebenso erschüttert wie das Herz jedes fühlenden Menschen.

29

BEASTS OF BOURBON
‚The Low Road‘ (1991)

„Viva Last Blues..."

Abteilung 8, in der eine neue Generation den Blues sattelt, um in die virtuelle Darstellung eines aufgehenden Atompilzes zu reiten

Klingen doch alle Stücke gleich. Sagen die alten Säcke. Hören nicht die neue Musik. Schrieb einst sinngemäß Diedrich Diederichsen, der wie immer alles weiß. Darum ist der Blues der neunziger Jahre für viele so schwer zu entdecken, weil er immer noch mit Herz und Hirn und Hintern erkannt werden will – auch wenn man, weiß Gott, als 40something den Techno nicht mehr tanzen kann, nicht den Jungle, den Neurofunk, den Drum und den Bass, den Electro nicht und nicht den House, nicht Speed Garage oder Two Step: Der Hintern hat Ruh'. Doch was schert das die Musik? Der Lärm geht weiter, der Aufriß, das Zucken, Zerren, Zappeln der Hormone und Gefühle. Die Gedanken stehen nie still. Und der Blues macht, was er will.

Der Eindruck ist nicht ganz falsch, daß der Blues heute MDMA schluckt und in den Techno-Katakomben und Drum'n'Bass-Bars zu Hause ist.

Techno: Techno ist zwei Öltanks. Der eine meint Detroit Techno, eine futuristische Mischung aus Funk und europäischer Elektronik à la *Kraftwerk*, die in Detroiter Diskotheken für schwule Schwarze und in einer nächtlichen Radiosendung ihre Fan-Gemeinde fand und sich Ende der achtziger Jahre neben House, Garage, EBM oder New Beat als eine Tanzmode von vielen etablieren konnte und erst retrospektiv an internationaler Bedeutung gewinnt.

Der andere Techno hieß ursprünglich Techno House und ist eine rein elektronisch erzeugte, extrem körperbetonte, vitalistische Musik, die ab 1990 ohne großes Zutun der Tonträgerindustrie die Tanzflächen der Welt annektieren konnte und keinerlei Wert auf Text oder Melodie legt, sondern Strukturen und Sounds den unbedingten Vorzug gibt. Von Amerika ausgehend erreichte Techno via Großbritannien und Benelux vor allem die deutsche Jugend; erste Zentren in Frankfurt und Berlin entstanden um 1991, die sofort für unterschiedliche Substile standen, für flächige Klänge mit rhythmischen Grundmotiven hier, für superharte Bretter da: Das unendliche Spiel der Techno-Diversifikation begann mit Tekkno und Trance, Gabber und Funky Techno, und ein Ende ist trotz der hochgradigen Kommerzialisierung der Szene, trotz der Millionen-Raves und der Unkenrufe, daß Techno tot sei, nicht abzusehen.

Bevorzugtes Format: die aus diversen fremden und eigenen Maxi-Singles zusammengestellte Mix-CD eines besonders angesagten DJs.

Doch selbst die Jahrtausendwende hat ihre wirren Blues-Buben, die sich aus den halbauthentischen Klangquellen bedienen, die bruitistische Landeier wie Junior Kimbrough oder R. L. Burnside nicht versiegen lassen. Den harten Bluesdrink nouveau eingeschenkt hat zu allererst ein gewisser **Jon Spencer**, der bereits mit *Pussy Galore* dem herberen Geschmack verpflichtet war und seit 1990 mit seiner *Blues Explosion* immer gewagtere Mixturen aus seinem dahinjagenden Schlangenölverkaufsmobil schleudert: ‚**Now I Got Worry**‘

30

JON SPENCER'S
BLUES EXPLOSION
‚Now I Got Worry‘ (1996)

kreischt wie besessen um die Kurve; im Vorbeihetzen erkennen wir, daß sowohl die Rythm'n'Blues-Röhre Rufus Thomas, der Bluesvernichter Thermos Mallig von *Doo Rag* und als Hipster vom Dienst Money Mark (gerne auch Keyboarder der *Beastie Boys* und genialischer Schöpfer von so etwas Unmöglichem wie Ambient-Easy-Listening) mit von der wüsten Partie sind. ‚Now I Got Worry‘ wird passenderweise von einem grellen Schrei eröffnet, der unmittelbare Gefahr und Betroffenheit signalisieren soll. Aber wir fallen nicht darauf herein: Dies ist nur ein Bühnenschrei, der Schrei eines Synchronsprechers vielleicht, der hier den alten Blues für uns übersetzt. Die Wildheit des Blues ist auf ‚Now I Got Worry‘ nur Fassade, hinter der sich vielleicht eine andere Wildnis verbirgt, andere Abgründe, von denen wir noch nichts wissen können, aber keinesfalls der ländliche Existentialismus des Originals. Nach dem Original wird hier aber gar nicht mehr gesucht; es wird nur noch enzyklopädisch vorgeführt. Und Schluß.

Was der dreifach mutierte Blues eines Jon Spencer wirklich bedeuten könnte, erahnen wir eher, wenn wir eine verschwägerte CD hören, ‚**Accelerator**‘ nämlich, von **Royal Trux**, dem neben

31

ROYAL TRUX
‚Accelerator‘ (1998)

Boss Hog dritten Ergebnis der *Pussy-Galore*-Explosion. *Royal Trux* sind Jennifer Herrema und Neil Hagerty, die seit dem rauschenden Untergang ihres Mutterschiffs *Pussy Galore* mehr als ein halbes Dutzend Platten machten, ehe sie aus den Trümmern der Selbstzerstörung und des beliebigen und daher „harmolodisch" genannten Junkie-Dumpfwaberns zurückfanden zu weniger formlosen, weniger vagen, weniger introvertierten Tönen, zu einer Katharsis, die sie in Form einer Dreifach-LP mit Single-B-Seiten und LP-Outtakes vorbereiteten, um schließlich auf ‚Accelerator' zu brennen wie ein Opossum mit Napalm im Arsch.

Auch ‚Accelerator' beginnt mit einer Art Schrei: „Now you know I'm ready!", gepaart mit einem instrumentalen Sturz in die Musik, der den willigen Hörer mitreißen soll – nicht im emphatischen Sinn, sondern wörtlich, denn freiwillig, so mag es jenen scheinen, die nicht alle Stationen unseres Blues-Kreuzwegs durchlaufen haben, freiwillig wird sich doch wohl niemand diesem Erlebnis aussetzen: wie auf ‚Accelerator' unsere Lieblingsmusik durch den Häcksler gepreßt wird: Rock, Streicher-Arrangements, Gassenhauer, Gitarrensoli, alles perdu. Und der Blues ist die Maschine, ist der Häcksler, in dem alles zu schreiend rotem Brei zerfetzt wird, ganz so, wie Robert Johnson einst sang: „... the blue light was my blues/the red light was my mind". Und alle Liebe scheint vergebens. *Royal Trux* behaupten, sie wollten prüfen, ob sexistischer Schweinerock auch von einer Frau gemacht werden kann. Die Antwort ist: Ja.

Als Mick Jagger auf einem seiner letzten Hits fragte, ob denn jemand sein Baby gesehen habe, so kann die Antwort nur lauten: Gerade eben. Sie hat ein biestiges Gesicht, spindeldürre Beine und trägt gern Lederjacken mit Pelzkrägen, bei denen man selbst auf Schwarz-weiß-Aufnahmen sieht, daß sie rot sind. Ihr Name ist Jennifer Herrema und, Mr. Jagger, sie ist ihre Tochter.

Mit ‚Now I Got Worry' und, mehr noch, mit ‚Accelerator' kann man Schwiegervätern den Schaum in die Mundwinkel zaubern, Nachbarn in die Bezirksnervenheilanstalt treiben und das Ende einer WG einläuten. Aber es mag ja auch Tage und Stunden geben, in denen man der Menschheit wohlgesonnener ist, Tage des Friedens, Stunden des Glücks, Zeiten, in denen der alte Menschenfreund hochkommt und man sich selbst für altersmilde hält – oder für krank. Solche Stunden mögen es gewesen sein, als sich **Ben Vaughn**, **Alex Chilton** und **Alan Vega** trafen, um in einem abgedunkelten Studio-Kabuff in Manhattan ihre jeweilige individuelle Spielart des Blues zu einem neuen, zu einem Neunziger-Jahre-kompatiblen Format zusammenzuschustern. Chilton haben wir oben schon als Gefährten Tav Falcos kennengelernt, doch Ruhm und Ehre gebührt ihm auch als ehemaligem Mitglied der *Box Tops,* als Gründer der

Rock'n'Roll: Daß jemand sein Baby gern schaukeln möchte, bis es quietscht, ist bereits ein frommer Rhythm'n'Blues-Wunsch seit vielen Jahren, als der weiße DJ Alan Freed in den frühen 50ern den Begriff Rock'n'Roll – ein afroamerikanischer Euphemismus für Beischlaf – solange in sein Mikrophon quasselt, bis er bei seinem weißen Teenie-Publikum zum Markenzeichen wird. Manche halten ,Rockin' and Rollin'' (1953) von Lil' Son Jackson für die wort- und stilprägende Single, andere gehen zu Arthur Crudups ,Rock me Mama' (1944) zurück oder nennen Ike Turners ,Rocket 88'. Tatsache bleibt, daß Rockabilly-Musiker wie Bill Haley sich gern im schwarzen Fundus bedienten, um die etwas lendenlahme Countrymusik auf Touren zu bringen. Als Elvis Presley dann in die Sun-Studios zu Memphis marschierte, um sich als lang erwarteter Messias mit weißer Haut und schwarzer Stimme zu erweisen, gab es weltweit kein Halten mehr: „Elvis war im Fernsehen. Ich sah, wie meine Mutter und meine Schwestern auf ihn reagierten und bat meinen Vater, mir eine Gitarre zu kaufen" (Townes van Zandt). Es begann eine Aufweichung der Rassen- und Geschlechtergrenzen durch eine neue Generation von ewig Jungen, deren kommerzielle und ästhetische Dominanz dreißig Jahre später derart unerträglich wurde, daß der deutsche DJ Westbam zurecht eine Single mit dem Titel ,No More Fucking Rock'n'Roll' aufnehmen mußte, auch wenn Lou Reeds Zeilen, unser Leben sei von Rock'n'Roll gerettet worden, nach wie vor stimmen. Bevorzugtes Format: ein Plastikmodell von Graceland, das unter seinem Dach komplett alle Elvis-CDs beherbergt.

legendenumwobenen Combo *Big Star* und als grandiosem Sänger und Gitarristen auf ach so vielen Solo-Platten.

Ben Vaughn ist praktizierender Rock'n'Roll-Archivar mit außerzeitlich schönen Platten auf seinem Pop-Konto – „schön" in dem Sinne, wie Gänseblümchen schön sein können oder ein verbeulter Kotflügel.

Und Alan Vega ist das Monster, die Rockabilly-Stimme über dem nervenzerfetzenden Elektroniklärm seines sonnenbebrillten Alter egos Martin Rev, gemeinsam *Suicide*, gemeinsam notorische Verlierer, gemeinsam ein ganzes Buch voller Legenden,

32

BEN VAUGHN/
ALEX CHILTON/ALAN VEGA
,Cubist Blues' (1996)

voller Geschichten der Aggression und der Mißverständnisse. Dieses Trio also traf sich, machte Musik, ging wieder auseinander. Ein eher zufällig wirkendes Rencontre auf einer imaginären Crossroad. Ein mythischer Moment. Entstanden ist dabei die völlig unterschätzte, weil von den Medien praktisch nicht wahrgenommene CD ‚**Cubist Blues**‘, die, einer anderen Generation verpflichtet als etwa *Jon Spencer's Blues Explosion*, ohne die Bürde gegenwärtiger Hipness die Tragfähigkeit der Herangehensweise Blues einem Neunziger-Jahre-Test unterzog. Alan Vegas raunzende Echobilly-Stimme wird wie eine schwere Zugmaschine auf die Gitarrengleise seiner Mitstreiter gehievt; alles fängt irgendwo an, hört irgendwo auf, lose Enden überall.

Doch unterwegs dürfen wir tiefe Momente menschlicher Verzweiflung teilen, Inbrunst, mühsam als rudimentäre Religiosität kaschierte Angst, vor dem Nächsten, vor der Liebe, der Droge, dem Alkohol, den neuen Jungs mit ihren Computern und abstrakten Rhythmen, vor der Impotenz: All das wird mitgeschleift von diesem Güterzug voller ewiger Boogie-Kultfiguren. Und Kult heißt in unserem Fall eben nicht, was es heute heißt: daß nämlich alle ein Geheimnis teilen, das in der Stadtzeitung steht. Sondern Kult heißt hier: Herzschmerzende Verehrung, arkanes Wissen, Geheimbündelei. So wie Vaughn und Vega und Chilton ihren Göttern Opfer darbringen, so neigen wir uns vor diesem großen Geschenk an uns Menschenkinder.

Blues. Schwarze Musik. Weiße Musik. 1998 hat ein dunkelhäutiger Brite mit Namen **Tricky** seine große Blues-CD abgeliefert. Sein 95er Debüt ‚Maxinquaye‘, benannt nach seiner früh verstorbenen Mutter, war noch unsicher stolperndes Ausprobieren, obwohl es gleich zu zahlreichen Preisen und Goldenen Schallplatten reichte: zu frisch und neu war Trip Hop, um die fetten, langsamen Beats, die ungewohnten Samples und den gespenstischen Gesang nicht für revolutionär zu halten. In den drei Jahren zwischen ‚Maxinquaye‘ und ‚**Angels With Dirty Faces**‘ hat sich Trip Hop zur Masche gewandelt und Tricky sich zu einem Fast-Gott erklärt: Ein Anspruch, den er einzulösen weiß – denn nur ein Gott

33
TRICKY
‚Angels With Dirty Faces‘ (1998)

kann wissen, welche Engel schmutzige Gesichter haben. Und Trickys Engel tragen die Züge von Billie Holiday, die in den Texten immer wieder präsent ist, als Name, als Melodie, als Baß-Figur. Tief taucht Tricky hinunter in düstere Höllen der Drum'n'Bass-Welt, die Trip Hop abgelöst hat als next big thing – und selbst schon wieder bedrängt wird durch Speed Garage oder Big Beats. Links und

Trip Hop: Im Gegensatz zum Reggae, der von den karibischen Zuwanderern in Großbritannien souverän weiterentwickelt und auf eigene Füße gestellt wurde, kamen die Versuche junger, meist schwarzer Briten, sich HipHop anzueignen und qualitativ das Level der amerikanischen Vorbilder zu erreichen, nicht recht vom Fleck. Daraus zogen speziell Band-Projekte aus der englischen Provinzstadt Bristol die Konsequenzen und etablierten im Lauf langer, ziemlich erfolgloser Jahre einen schleppenden, psychotisch-depressiven Finster-Groove samt Soul-, Funk- und Dub-Einflüssen, der mit dem schlagartigen Erfolg recht unterschiedlicher Projekte wie *Massive Attack, Portishead* oder Tricky zum amtlichen Sound des Jahrgangs 1995 wurde. Die futuristischen Produkte des Londoner Mo'Wax-Labels trugen zur ästhetischen credibility von Trip Hop bei, die erst in den letzten Jahren durch zahllose mittelmäßige Männlein/Weiblein-Duos mit finster-psychedelischem Genörgel arg gelitten hat – auch wenn *Portishead* und *Massive Attack* 1997/98 mühelos ein Comeback in den Hitparden feiern konnten.
Bevorzugtes Format: CD mit einem Heer von Gast-Vokalisten.

rechts öffnen nahezu subsonische Bässe die Pforte in diese Unterwelt; eine hysterische Wah-wah-Gitarre kommt heraufgeschossen, um uns abzuholen. Überall sind Stimmen, Töne, Sounds und Rhythmen auf Folterbänke gespannt und werden gebogen, gedehnt, gezerrt. Um das finstere Zentrum dieser Tricky-Unterwelt kreisen Dub und Soul und immer wieder der Blues, der alles einsaugende, ausspeiende Blues, der einen Marc Ribot an der Gitarre verträgt und eine Polly Jean Harvey so singen lassen kann, daß man fast wieder an den Gott des Alten Testaments glauben möchte: deep gospel für das nächste Jahrtausend. Tricky ist gefährlicher geworden, mutiger, psychotischer und seine Musik hat mit seinen verbalen Attacken auf Macht-Mechanismen und Ungerechtigkeiten mitgehalten. Amiri Baraka, einst Black-Power-Dichter, jetzt Kommunist in New Jersey, hat einmal gesagt, daß man Weiße fette Schweine nennen dürfe, die geschlachtet gehören, und Neger dumme Arschlöcher – irgendwer fände dies gewiß schick und radikal und irgendwie toll gruselig. Aber wenn man damit anfängt, die Machtverhältnisse zu analysieren, Namen zu nennen und Zusammenhänge aufzuzeigen, dann sei Schluß mit lustig. Tricky macht genau dies, attackiert Trittbrettfahrer wie Finley Quaye und rassistische Executives bei den Plattenfirmen; er liebedienert auch nicht bei der britischen Musikpresse herum: Und schon findet man dort

‚Angels…‘ zu düster, zu altmodisch, zu übel gelaunt. Fünf von zehn möglichen Punkten und eine Menge dummer Ratschläge vergibt etwa der New Musical Express: weiße, fette Schweine, die geschlachtet gehören…

„Orange Crate Art..."

Abteilung 9, in der wir uns den blauen Staub der Straße aus den Kleidern schütteln und in die Operette gehen...

Selbstverständlich mag es für den einen oder die andere von uns ein Fest sein, sich mit einer Dose warmem Bier und Dock Boggs im Walkman ins Untergeschoß einer Fußgängerzone zu setzen und sich von Hunden anpinkeln zu lassen. Aber heute nicht, nicht mit mir: Ich ziehe meine besten Kleider an; die Wohnung ist frisch gewienert und der Tisch gedeckt mit passenden Tellern, Silberbesteck und je einem Extraglas für Wein und Wasser. Tulpen stehen in der Vase, die Rotweinflasche ist geöffnet, damit ihr Inhalt atmen kann – was auch immer das heißen mag. Draußen bricht die blaue Stunde an, irgendwo dort draußen ist *sie* unterwegs zu *mir*, irgendwie hier drinnen fehlt aber noch etwas: Musik.

Hätte nicht Großvater einen Tauber oder Caruso aufs Grammophon gelegt, so er eines besaß? Und auch ich brauche opulente Musik für meine Daisy, akustische Fülle, Überschwang und Dekor, großangelegte Schlachtengemälde, geerdet in simplen Worten und Gesten. Ich brauche Musik, die den Raum erfüllt, ohne die volle Aufmerksamkeit zu fordern, Musik, die nicht allzu subtil meine Stimmungslage ausdrückt, aber dem Gast auch nicht gleich eine Art von akustischem Knutschfleck verpaßt. Kurz, ich brauche Operette. Ich brauche ‚**Orange Crate Art**' von **Van Dyke Parks** und **Brian Wilson**. Schon die ersten Takte des

34

VAN DYKE PARKS/BRIAN WILSON
‚Orange Crate Art' (1995)

Titelstücks bestätigen meine Wahl; Gitarren plinkern wie in einem Barock-Konzert, haben aber hawaiianische, nicht italienische Sonne gebunkert, Streicher überschlagen sich wie in einer sentimentalen Filmmusik – die beiden Großmeister bei der Arbeit. Für mich ganz alleine breiten der geisteskranke Songwriter und der dickliche Herr unter Genieverdacht ihre Regenbogenpalette aus, distinguiert zwar – man ist ja kein LSD-fressender Twen mehr –, aber immer noch so kraftvoll und verschwenderisch wie eine Musiksequenz in einem Disneyfilm. Van Dyke Parks, *Beach-Boys*-Kollaborateur der zweiten Stunde und weiland einziger kongenialer Widerpart für den an depressiver Seelenfresserkrankheit leidenden Brian, weiß auch

Surf Music: Ende der fünfziger Jahre entstand ein neuer Sound für die Rock-Gitarre, mehr Hall, mehr Tremolo, dazu eine gezupfte Stakkato-Spielweise – Surf. Der Kalifornier Dick Dale entwickelte diesen neuen (Instrumental-)Stil, der durch die entrückten Vokal-Arrangements und Zeitgeist-Texte der *Beach Boys* zu Amerikas dominierendem Pop-Sound in den frühen sechziger Jahren wurde. Erstmals gingen in den Surf-Hits Pop und Product Placement eine Allianz zur Verherrlichung der ewigen Jugendlichkeit ein. Und tatsächlich ist Surf bis heute nicht totzukriegen, ob als ewig wiederkehrendes Oldie-Gewitter im sommerlichen Frühstücksradio oder als Ingredienz von Drum'n'Bass-Produktionen.
Bevorzugtes Format: eine Re-Issue-CD mit allen 28 Studio-Versionen von ‚Surfin' Safari'.

mit dem alternden Wilson umzugehen. Buntes Seidentuch um buntes Seidentuch ziehen sie gemeinsam aus dem Zylinder, schleudern Doo-Wop-Karnickel durch die Luft, springen durch Reifen aus brennenden Akustikgitarren, balancieren Akkordeonspieler auf dünnen Stäbchen und zersägen Jungfrauen wie einst im Mai, während dazu gefakte Chinamann-Akkorde wie ein schwerer Duft in der Luft liegen.

Die Musik, die sie da spielen, ist uralt, könnte vielleicht von Rodgers und Hammerstein sein oder aus dem Repertoire von Cole Porter. Aber die Musical- oder Operettenqualität wird immer noch mit genügend Pop-Weisheit – „Movies is magic/real life is tragic" – aufgeladen, um nicht zu gemütlich zu geraten. Wie in einem David-Lynch-Film ahnt man bereits beim ersten Mithören, daß an diesem weißen Traumgestade die eine oder andere Leiche vermodert, nur nächtens freigespült, um fette Krabben zu nähren. „Ich hab' ihr doch nur in die Schulter gefixt…"

Und Daisy? Ist nicht gekommen. Während mir Van Dyke Parks und Brian Wilson immer höhere Palmen, immer längere Piers, immer breitere Strände und immer einsamere Spaziergänge ins Zimmer fabulieren, wächst die Lust, einen der Geigenbrecher zu reiten, die aus den Boxen schlagen, durch die fünf anderen Van-Dyke-Parks-Platten zurück bis zum kaum konsumierbaren Trip-Epos ‚Song Cycle' zu surfen oder gar ins Reich der goldbraunen Buben vorzudringen, deren tragisches Los es war, perfekte Musik in einer wenig perfekten Welt zu machen, sonnenverliebte Sounds für schlagende Väter, dumpf-dumme Cousins, ehrgeizige Brüder.

Konsens ist ja, daß ,Pet Sounds' (1967) von den **Beach Boys** größer sei als ,Sergeant Pepper's ...', was ja nun nicht direkt ein Kunststück ist, und daß die Welt eine bessere wäre, hätten Wilson und Parks anno Tobak ihre Monstersuite ,Smile' vollendet.

35

BEACH BOYS
,Surf's Up' (1971)

Dabei wird gerne übersehen, daß mit **,Surf's Up'** ein opus magnum vorliegt, das zum Zeitpunkt seines Erscheinens nur deshalb unterging, weil die *Beach Boys* in jenen Post-Woodstock-Jahren für absolut unmöglich und bescheuert zu gelten hatten wie heute die *Kelly Family*. Und weil spätere Sammler- und Fan-Generationen lieber dem unvollendet gebliebenen ,Smile' nachjammern, anstatt die Musikjournale dieser Welt mit Hymnen auf ,Surf's Up' zu bombastieren, um mit John Lennons Übersetzer zu schreiben.

Dabei betreten wir mit ,Surf's Up' düstere Weiten: Ja, das Wasser ist verschmutzt, ,Don't Go Near the Water', die *Beach Boys* werfen ihre Surfbretter in die braune Brühe und ekliger Teer klebt zwischen den Zehen. Aber das allein wäre bloß ein Protestliedlein wie viele andere. Die Rock'n'Roll-Parodie ,Student Demonstration Time' offeriert kläglichen Revoluzzer-Zeitgeist, ähnlich zaghaft wie ,Revolution' von den *Beatles*. Da muß schon mehr passiert sein: Da muß der Wilson-Bekannte Charles Manson den ganzen Hippietraum gleich mitgemeuchelt haben, als er Sharon Tate aufschlitzen ließ. Da muß mit Martin Luther King und Bobby Kennedy und den drei Studenten in Ohio mehr gestorben sein als fünf Menschen, daß die Beach Boys klingen wie Allen Ginsberg (,A Day in the Life of a Tree'), ein Lied ,Welfare Song' nennen, einen Abgesang auf die Unschuld der Jugend (,Surf's Up' aus der ,Smile'-Session) und eine schmerzverzerrte Erinnerung an die eigene Kindheit (,Disney Girls 1957') anstimmen; da muß die Paranoia der Zeit, die unbeherrschbare Gewalt und die täglichen Widersprüche an diesen sonnigsten Helden des amerikanischen Pops genagt haben wie die Schlange an den Wurzeln der Weltenesche.

Von ,Student Demonstration Time' abgesehen, das nur eine Variante des ,Jailhouse Rock' ist, bleibt die Musik erstaunlich homogen in abendgestimmten Farben. Fast meint man, jemand habe die schunkelnde, frohsinnige Musik der *Beach Boys* an jene mythische Yggdrasil gebunden und mit Honig bestrichen, den Ameisen zur

Freude, so zerren und winden sich die Melodien in ihrer neuen, so ungewohnten Form, wollen ausbrechen aus diesem Gefängnis aus Zeitgeist und Depression, kommen aber nicht los. Schon ein Blick auf das Cover lädt zum Verzweifeln: ein indianischer Krieger mit gesenktem Haupt und gesenkter Lanze auf geschundenem Pferd. Sonnenuntergang. Die Schlacht verloren, aber überlebt. Die Frage aller Überlebenden aller Zeiten stellend: „Warum ich?" Und die Beach Boys haben keine Antwort, leben nur die eigene Selbstzerstörung fort, Brians Wahnsinn, Carls Tod, Dennis' Tod. Die Gewöhnlichkeit und Geldgier der anderen. Keine Gnade. Keine Erlösung. Kein Vorhang. Jede Operette schlägt ins Dramatische um, wenn man sie nur lange genug spielt.

Zum Stichwort Drama haben die neunziger Jahre noch einen Musiker zu bieten, der auf dem bisherigen Höhepunkt seiner Karriere einem Wilson, einem Parks das melodramatische Wasser reichen konnte: Mark Eitzel, der Vorsitzende des **American Music Club**. Diesen Höhepunkt erreichten die Clubberer 1993 mit dem Album ‚**Mercury**'.

Man stelle sich vor: Moll. Crescendi. Decrescendi. Streicher. Bläser. Kunstpausen von epischen Ausmaßen. Dazu eine greinende Stimme, die einem schon beim ersten Hören die Illusion raubt, diesem Sänger könne noch geholfen werden. Nein, wer könnte helfen, wenn jemand seinen Musikverlag ‚I Failed in Life – Music' nennt und Lazarus bedauert, weil der ein zweites Mal leben mußte? Und doch will Mark Eitzel errettet werden, klagt er flehend ‚When Will You Find Me?', während er mit seinem gnadenlosen Gott abrechnet, mit der Welt sowieso und mit allen Engeln im Himmel und scheiß auf den Teufel: Dantes ‚Inferno' als Nummernrevue. Diese ganz großartige Kakophonie des Weltschmerzes, der Eitelkeit, der Selbstverliebtheit und des Größenwahns vermag nur jene zu fesseln, die selbst nicht ganz frei von der einen oder anderen Todsünde sind – also jeden von uns. Und wenn sich Eitzels Daumenschrauben der Seelenpein so fest angezogen haben, daß er nur noch winseln kann, dann legt er seine Arbeit zu Füßen des Schnulzenkönigs Johnny Mathis nieder und führt einen imaginären Dialog mit ihm – so wie die Propheten des Alten Bundes mit ihrem Her-

36

AMERICAN MUSIC CLUB
‚Mercury' (1993)

rengott geredet haben mögen: „Sprich, Meister, wie kann ich weiterleben?" Und der HErr, hier in der Verkleidung eines abgehalfterten Schlagerstars, antwortet: „Lerne, hinter Seide und Amphetamin zu verschwinden. Du bist bereits auf dem rechten Weg, doch benimmst du dich immer noch wie ein Lamm, das dem Metzger in die Klinge springt. Ein echter Showstar aber lernt den großen Verschwindetrick." Und Mark Eitzel ging hinaus zu den Söhnen Kaliforniens und löste seine Band auf, um fürderhin nicht mehr ganz so superklasse Soloplatten zu machen und in noch kleineren Clubs als zuvor zu spielen. Amen.

Gegen solche Operetten kann jetzt nur noch eine Operette helfen, etwas Leichtfüßiges, Beschwingtes, das kein großes Sinnen und Grübeln verlangt, sondern Champagner einfordert: schöne Musik von schönen Menschen für schöne Menschen. Und wer schielt, eine schiefe Nase hat oder humpelt, ist der Bösewicht. Wer eine dermaßen ideale Plattensammlung sein eigen nennt, wie sie sich hier langsam abzeichnet, der hat auch keine Angst vor scheelen Blicken, die einem absolut unhippe und peinliche Platten einhandeln könnten. Eine Handbewegung, ein Knopfdruck, ein paar klärende Sätze, und schon wird aus einer vermeintlichen Geschmacksverirrung ein veritables Exponat des Subtilen. Warum ich mir nach ‚Surf's Up' oder

37

JANET JACKSON
‚The Velvet Rope' (1997)

‚Mercury' am liebsten ‚**The Velvet Rope**' von **Janet Jackson** auflege? Weil mich das Joni-Mitchell-Sample aus dem Single-Hit ‚Got til it's Gone' in dieses Album hineingelockt hat, dazu das surreale Video zu diesem Song: Janet Jackson auf einem südafrikanischen Männerklo – da stimmt doch etwas nicht? Janet in einem lesbischen Dialog, Janet tritt offensiv für Schwule ein. Janet hängt – nicht gefesselt, denn das ginge dann doch zu weit für die Hitparaden – an einer Lederkordel. Janet in Latex und Leder. Janet mit einer Tätowierung am sehr verlängerten Rücken. Das dümmliche, sexistische Spiel mit ihren Brüsten fehlt gänzlich, dafür sieht sie auf dem Cover aus, als warte sie auf dem Arbeitsamt auf einen Stempel: ‚Twisted Elegance'.
  Natürlich kommt es dann nicht so schlimm, so realistisch: Wir dürfen eher Aschenputtel-Träume teilen denn Sozialreportagen. Aber sie sind gekonnt inszeniert; manche Songs erreichen spielend Princesche Qualitäten, nein, übertreffen sie sogar, weil Prince schon

lange nicht mehr weiß, wie man Hits schreibt, wie man ein bißchen Drum'n'Bass, ein bißchen Techno, ein bißchen HipHop mit genau der richtigen Dosis Massenakzeptanz verrührt, um den ganz großen Wurf zu landen. ‚The Velvet Rope' – so ist das also, wenn Superstars von Selbstverwirklichung träumen: glitschig, süß, prickelnd. Eine Operette.

„Suzy, we're very interested in your development"

Abteilung 10, in der wir uns anständig hinsetzen, den Kopf auf eine Hand stützen, die Finger grüblerisch um das Kinn schürzen und in die Kamera glotzen

Die sechziger Jahre brachten es an den Tag: Popmusik litt unter einem Minderwertigkeitskomplex. Teenagermusik, gut und schön, aber was ist mit Richard Wagner, mit Mozart, mit – letztes Entgegenkommen – Gershwin? Menschheitsprobleme, Subventionstheater, staatstragende Wichtigkeit? Magisterarbeiten, Wochenendseminare, ein eigener Lehrstuhl? Jemand mußte die intellektuelle Drecksarbeit tun und der Rockmusik die große Form erschließen; *The Who* verrannten sich mit ,Tommy', Obertüre, Untertüre, Film und kein Ende. *The Small Faces* bestellten ein rundes Cover und verpackten darin ,Ogden's Nut Gone Flake'. Die *Beatles* filmten; die *Rolling Stones* eröffneten einen Zirkus. Warhol projizierte seine Filme auf die Leiber von Nico und Lou.

„But who could imagine it would happen in Hollywood?" Frank Zappa war neidisch darauf bedacht, daß seine Platte mit den **Mothers of Invention,** programmatischer Titel: ,**Freak Out',** als erste Platte des schlagartig erwachsenen Undergrounds erschien. Und Frank hatte nicht nur „money at the bank", sondern auch Recht. Er hatte da etwas ganz Besonderes. Was die anderen nur andeuten konnten. Wo die anderen in Konventionen steckenblieben oder sich der Doktrin eines Pop-Artisten wie Andy Warhol unterwerfen mußten, da entwickelte der spitzbärtige Bube eine im Pop noch unbekannte, eine außerhalb des Pop nur geahnte Kunst-Form. Er organisierte seine Kompositionen nach seinen nostalgisch anmutenden Tanzmusikvorlieben, aber auch nach Methoden und Mustern zeitgenössischer E-Musik-Komponisten, ohne daß daraus ein beflissener Schmarrn wurde. Die überdrehten Sound- und Vortragseffekte der Fünfziger-Jahre-Novelty-Hits verband er mit suitenhaft angelegten Großkompositionen, hoppelte besessen durch den Stereoraum, integrierte Hörspiel und Satyrspiel: ,Freak Out'!

Die Platte nimmt einen langen Anlauf durch gelungene Teenie-

38

FRANK ZAPPA/MOTHERS OF INVENTION
,Freak Out' (1965)

Underground: Mitte der sechziger Jahre setzte sich in den USA die Idee durch, es könne neben dem offiziellen Amerika, das nach außen Krieg gegen Vietnam, nach innen Krieg gegen seine Minoritäten und gegen die Jugend führte, ein anderes, besseres Amerika geben, ein Amerika der Gegenkultur, ein Amerika im Untergrund. Die Musik dieses Untergrunds richtete sich nicht nach den Anforderungen eines bürgerlichen Kulturbegriffs, nicht nach etablierten Qualitätsstandards oder den Bedürfnissen des Format-Radios, sondern versuchte, Vielfalt widerzuspiegeln und die Weltanschauung und Drogenerfahrungen seiner Protagonisten hör- und erfahrbar zu machen. Neben den *Mothers of Invention* gehörten an der Westküste *Grateful Dead, Big Brother & the Holding Company* und *Jefferson Airplane* zum Underground. Im Süden versuchten sich *Red Krayola* und *13th Floor Elevators*. An der Ostküste waren *Velvet Underground, The Godz* oder *The Fugs* aktiv; im Mittelwesten regierten *MC5*. Da der Underground in den USA unter dem Schlagwort Psychedelik sehr schnell einen riesigen Markt darstellte, holten sich die großen Plattenfirmen alsbald „Haus-Hippies", deren gleichzeitige Präsenz in der Szene und im Management der Unterhaltungsindustrie beide Seiten einander anzugleichen half. Mitte der siebziger Jahre hatten die bekifften Bosse der Plattenfirmen lange Haare, während die Stars des Undergrounds einen eigenen Broker brauchten. Bevorzugtes Format: mit Billigung der Band aufgenommenes Bootleg-Album.

Balladen und Rock'n'Roll-Parodien, schüttelt etwas Gesellschaftskritik aus dem Ärmel, tut harmlos, bis Zappa im 11. von 14 Songs diese eine Frage stellt: ‚You're Probably Wondering Why I'm Here?' Danach bricht die Hölle über die Popgemeinde herein, zerplatzt Zappas neue Musik in Herzen und Hirnen. Ein langer, frenetischer, negrophiler Polit-Rap – ‚Trouble Every Day' – wird gefolgt von dem erst virtuosen, dann szenisch aufgelösten, verfremdeten Geniestreich ‚Help I'm a Rock', um mit der Synthese ‚The Return of the Son of Monster Magnet' zu schließen: Macht zusammen 27 der besten Minuten, die Frank Zappa – und damit die Popmusik – zu bieten haben. Unverzichtbar. Gehirnsex.

Frank Zappa war mir als Comic-Figur immer lieber denn als zeitgenössischer Komponist, Teufelsgitarrist oder Jazzrock-Maestro. Und seine Fans sind das Nervigste seit der Erfindung des Opern-Abonnements. Immer muß man sagen, wie gut, wie genial, wie webernmäßig er war, wie lustig und subversiv und politisch, während sie sich Haargummis um die grauen Pferdeschwänze zwacken. Darum ein letztes Mal: Frank Zappa war gut, genial, webernmäßig, politisch, subversiv und lustig. Und, nein, man muß wirklich nicht alles von ihm haben, speziell nicht diese jazzigen Endlos-Teile.

Dieses Brett haben andere überzeugender angebohrt, Miles Davis natürlich, Charles Mingus und Rahsaan Roland Kirk ganz sicher, *Henry Cow* wahrscheinlich, Herbie Hancock vielleicht, John McLaughlin gelegentlich. Aus dem ausgewiesenen Popbereich, an

39

ANDY MACKAY
‚Resolving Contradictions‘ (1978)

dieser Stelle auch stellvertretend für die siebziger Jahre ausgewählt, sei als instrumentales Großwerk ‚**Resolving Contradictions**‘ des *Roxy-Music*-Bläsers **Andy Mackay** genannt. Diese Platte, kaum bekannt, vereint auf wunderbare Weise drei wichtige Strömungen der populären Musik Großbritanniens:

1) Improvisationsmusik, wie sie von Steve Lacy, Evan Parker, Lol Coxhill auf unterschiedlichste Art zu internationalem Ruhm geführt wurde;

2) Progressive Rockmusik mit einem starken Hang zu linksradikalen Inhalten und Jazz, wie ihn *Matching Mole, Soft Machine* und *Henry Cow* inszenierten; und

---

Jazzrock, Rockjazz, Fusion: In den sechziger Jahren setzen sich Rock und Soul immer mehr als dominierende Unterhaltungsmusik für die Jugend durch. Jazz verkümmerte zum bildungsbürgerlichen Accessoire, zur radikalen Geste oder zur Fahrstuhlmusik. Eine neue Generation von Musikern, die mit Rock herangewachsen war, aber Jazz machen wollte, heizte den Platzhirschen ein, die sich klugerweise der neuen Strömung nicht verschlossen und versuchten, Einflüsse von Latin, Rock, Hardbop und Funk zu fusionieren. Nicht alle hatten das Glück eines Miles Davis, den Aufbruch zu neuen Ufern mit einem Tony Williams, Keith Jarrett oder John McLaughlin antreten zu können. Und nur wenigen war der kommerzielle Erfolg eines Herbie Hancock beschieden. Trotzdem breitete sich die tödliche Musikseuche Jazzrock in den siebziger Jahren aus wie die Hongkong-Grippe, überlebte die feindlich gestimmten 80er als Punkjazz getarnt oder unter der Aufsicht von John Zorn, um in den 90ern als Post Rock zu brillieren oder sich auf dem Dancefloor breitzumachen, mal mit HipHop, mal mit Drum'n'Bass oder ethnischer Musik verschnitten.
Bevorzugtes Format: keines.

ProgRock: Diese eher europäische Spielart der Rockmusik entstand um 1968 als Versuch, die Popmusik in bildungsbürgerlich akzeptable Kategorien zu überführen und die schwarzamerikanischen Wurzeln zugunsten „klassischer" Formen zurückzudrängen. So werkelten *The Nice, Emerson, Lake & Palmer, Pink Floyd, Yes* oder *Genesis* an einer gern neoromantisch ausgelegten, leicht experimentellen, meist sehr bombastischen Version einer zeitgenössischen (tonalen) E-Musik für die „Kinder von Marx und Coca Cola". Wie auch im Jazzrock überwog eine Flut von schwülstig-süßlichen Elaboraten die wenigen gelungenen Platten von *King Crimson* oder *Gentle Giant* und diskreditierten das Genre auf immer und ewig, auch wenn sich in den 90ern (wie für jeden anderen Stil) ein bescheidenes Revival abzeichnet.

Bevorzugtes Format: LP mit Artwork der Firma Hypgnosis, auf der Werke so klassischer Komponisten wie Mussorgski oder Brubeck zur Aufführung gelangen.

3) Glam in seiner fetischistisch-futuristischen Eurotrash-Variante namens *Roxy Music*, die 1972 bereits die achtziger Jahre vollständig vorwegnahmen und sich folgerichtig seither furchtbar langweilen.

Sei es nun Langeweile oder die Sehnsucht nach längst vergangenen ProgRock-Tagen, die Andy Mackay gegen Ende der siebziger Jahre dazu trieben, seine Oboe und sein Saxophon zu Gunsten quasi-chinesischer Weisen auszupacken: Uns kann es egal sein. Das Blech blühte, wie schon das Eröffnungsstück ‚Iron Blossom' versprach, und Mackays Vision einer Peking-Oper eröffnet uns Pop-Hörern eine fast optische Musikwelt, in der Trompentenheerscharen über Hügel eilen, wo freundliche Arbeiter im Mao-Look sich unterhaken und zu Liedern der internationalen Solidarität schunkeln, die in Wahrheit keine Klassen-, sondern Musik-Antagonismen vereinen: rockende Gitarren-Riffs, „asiatisch" geführte Melodielinien, fiepende, ziepende Attacken von Saxophon und Synthesizer. Mackays Kunstgriff, seine progressive Kompositionsweise und elaborierte Musik als geographisch-ideologisch entrücktes Dokument einer fremden Kultur und Zeit zu verpacken, macht es uns heute leicht, seine wunderbar gefälschte Ethno-E-Musik den ganzen Hervorbringungen des Weltmusikmarktes vorzuziehen.

Obwohl die Kombination aus frühem und spätem Brian Wilson, aus Van Dyke Parks, Frank Zappa, Andy Mackay und Janet Jackson nicht gerade puristisch genannt werden kann, wäre das Operetten-Department nicht vollständig ohne das große Singspiel der achtziger Jahre, ohne die Mischung aus Schwulenspaß und Thatcherismus namens **Frankie Goes to Hollywood**, die uns ein ‚**Welcome to the Pleasure Dome**' zu einem

40

Zeitpunkt zuriefen, als ein Glas Champagner revolutionärer wirkte als eine Kalaschnikoff. Dieses Doppelalbum ist nur zu einem geringen Teil eine Schallplatte: Viel mehr ist es der hörbare und sichtbare Anker für eine Strategie, die zu Beginn der achtziger Jahre Pop wieder zum kapitalistischen Gesamtkunstwerk werden ließ. Produzent Trevor Horn und der journalistisch vorbelastete Mastermind Paul Morley gestalteten einen Welteroberungsplan ohnegleichen, zogen ihn durch und versanken dann – wie alle Titanics, Phil Spectors und Malcolm McLarens dieser Welt.

Frankie Goes to Hollywood wurden erwählt, um den Plan in die Tat, aber nicht unbedingt in Musik umzusetzen. Die Zutaten stimmten: Provokation, Kalkül, ein gerüttelt Maß sexueller Zwiespältigkeit, hohe Tanzbarkeit, ein einprägsamer, ungewöhnlicher Name, Mitgröhl-Refrains und ein verzwirbelter Überbau, höher als der Turm zu Babel – alles zusammen erstmals mit den Mitteln aufbereitet, die heute gern „moderne Studiotechnologie" genannt werden.

Und als ‚Relax', die erste Hitsingle, von der BBC wegen Obszönität aus dem Programm genommen wurde, gab es kein Halten mehr. Verkäufe wurden nur noch in Millionen angegeben; *Frankie*-T-Shirts überschwemmten Europa, und wöchentlich folgten neue Maxisingles mit immer neuen Abmischungen von ‚Relax'. 1984 gab es nur *Frankie* ...

Und als das Jahr zu Ende ging, erschien das Album ‚Welcome to the Pleasure Dome', als wolle man die unglaublichen Ereignisse nochmals rekapitulieren. Verpackt in gefälschtes Picasso-Artwork und garniert mit möglicherweise sogar echten Zitaten aus Philosophie und Religion, bedruckt mit Anzeigen für unglaubliche Merchandising-Produkte wie die Edith-Sitwell-Tasche oder das Virginia-Woolf-Unterhemd erschien die Musik wie eine, um im Bindestrich-zwischen-berühmten-Eigennamen-Modus zu bleiben, digitale Richard-Wagner-bumst-Johann-Strauß-Vision: Alle Hit-singles kuschelten sich in schwülstige Streicher-Überleitungen, paarten sich rüpelhaft mit so absurden Cover-Versionen wie ‚Do You Know the Way to San José?‘, um schließlich nach vier kurzen Plattenseiten mit einem prophetischen „No more!" zu schließen. Pop-Trash. Shakespeare. Zu schön, um wahr zu sein.

„There's a tear in my beer"

Abteilung 11, in der ein halbes Jahrhundert, Pferde, Lastwagen, Cowboys, Stripperinnen und Piratenradios Platz finden müssen

Der Cartoonist Gary Larson hat ein paar Cowboys gezeichnet, die nachts um ein Lagerfeuer sitzen. Im Hintergrund vielleicht ein Kaktus, ein Pferd, eine Kuh. Die Cowboys blicken alle zum Sternenhimmel auf und einer sagt sinngemäß: „Ich weiß auch nicht, was das ist: Jedesmal, wenn wir mit dem Essen fertig sind, fängt dieser komische Chor zu summen an..." Gary Larsons große Kunst besteht ja darin, den Witz immer kurz vor oder nach der zu erwartenden Pointe zu erzählen. Der Witz ist hier die Countrymusik; die Pointe besteht darin, daß in den zwanziger Jahren eine immer noch junge Nation die erste, wohl die erstbeste massenmedial vermittelte Identität schluckte: geheimnisvolle Lone Rangers mit forschem Hut allesamt, maskierte Heroen mit Fransenjoppe, vermummte Schurken mit stechendem Blick, dazu blutrünstige Indianer, gut, weil tot, die aus Hörspielen galoppierten und in den Lichtspielhäusern skalpierten, alles unterlegt mit fingiertem Cowboyliedgut auf Schellack: Das sind wir. The Birth of a Nation. Und im Hintergrund summt der Chor.

Unsere ideale Plattensammlung enthält ja bereits ein paar Exponate, die Country bereits erahnen lassen, die Harry-Smith-Anthologie oder den Bergarbeiter-Blues von Dock Boggs. Aber um zum nationalen Phänomen, zum Medium der Identitätsstiftung werden zu können, brauchte die auf massenmediale Verbreitung angewiesene Countrymusik etwas Neues, dem 20. Jahrhundert Eigenes, das eben nichts mit Folk – dem Kollektivwissen – zu tun hatte, sondern mit Glanz und Schein und Pop in seiner vorbewußten Form: Countrymusik brauchte Stars. Und ihre ersten Stars waren die **Carter Family** und Jimmie Rodgers, der „singende Bremser", der mit seinen blue yodels afroamerikanischen Blues und angloamerikanische Balladen verbandelte und etwas Neues, eben Amerikanisches daraus machte; Sara, Maybelle und A. P. Carter wurden bei den gleichen Sessions entdeckt wie Rodgers – A. P. steht übrigens für Alvin Pleasant Delaney Carter, ein Name, mit dem man zum Popstar prädestiniert ist, der aber in seinem Fall auch für Geschäftstüchtigkeit

Country & Western: Dieser Sammelbegriff für mehrere Genres meint eine vor allem im US-Süden, im Mittelwesten und in Kalifornien populäre Form des amerikanischen Schlagers. In den zwanziger und dreißiger Jahren sprach man noch von Hillbilly Music, von Old Familiar Tunes oder Hill Country Tunes, und neben den archaischen Popstars vom Schlag der *Carter Family*, Jimmie Rodgers oder Roy Acuff hörte man gerne die jazzige Bigband-Variante der Countrymusik: den Western Swing. In den 40ern und mit der Zwangsmigration vieler Südstaatler nach Kalifornien oder in den Mittelwesten etablierte sich Nashville (später gefolgt von Bakersfield in Kalifornien) mit seinem eher klebrig-kommerziellen Sound à la Judy Lynn oder Roy Rodgers zum Country-Mekka, das aber stets Platz ließ für jenen Realismus des kleinen Mannes, der den Erfolg all der Tammy Wynettes oder Loretta Lynns dieser Welt ausmacht und erklärt, warum ein Großteil der Country-Klientel weiblichen Geschlechts ist: Geschlagene Frauen, versoffene Männer und die schwierige Aufgabe, unter diesen Umständen eine Familie zusammenzuhalten, sind außerhalb der Countrymusik selten ein Thema. Mit dem Erfolg von Rockmusik etablierte sich in den siebziger Jahren eine neue Generation von Countrymusikern, die moralisch und gesellschaftlich eine deutlichere Sprache vorzog und trotzdem Erfolg hatte: Willie Nelson, David Allen Coe, Waylon Jennings... Inzwischen darf man sogar wie Lyle Lovett aussehen und trotzdem Julia Roberts heiraten: weit gebracht, Country Boy.
Bevorzugtes Format: Single, die man auf der Fahrt durch die USA ständig auf dem Mittelwellen-Radio hören kann.

stand: Alvin meldete für jedes von den Carters eingespielte und noch ungeschützte Liedchen die Autorenrechte an, auch wenn es Jahrhunderte alt war. Die Carters, unsere Schnittstelle zwischen Folk und Country, verkauften bereits Ende der zwanziger Jahre zwischen 50 000 und 100 000 Stück pro Schellack-Platte und überstanden sogar die Depression als professionelle Musiker, auch wenn sie sich zeitweilig nach Mexiko hinüberretten mußten, um von dort aus via weitreichender Piratenradiostationen in die USA hineinzusenden.

Die Carters waren tief verwurzelt im musikalischen Crossover zwischen afroamerikanischen und weißen Musiktraditionen. Sie hatten ‚Motherless Children' im Repertoire, eigentlich das Markenzeichen des bärbeißigen Gospelsängers Blind Willie Johnson, und sie jodelten wie Jimmie Rodgers, wenn es gefragt war, oder walzten im Dreiviertel-Takt. Die größten Verdienste um die Popmusik hat allerdings das Gitarrenspiel von Maybelle Carter, die sich 1929 eine dicke, fette Gibson-Gitarre für damals horrende 275 $ kaufte und auf den Baß-Saiten volltönend die Melodie pickte – ein Stil, den seit Maybelle und ihrem schwarzen Vorbild Leslie Riddle fast alle Folkies, Singer/Songwriter und Straßenmusikanten beibehalten haben. Der erste Gitarrenheld der Popmusik: eine Frau. Voilà.

Als wäre das nicht schon Grund genug, Aufnahme zu finden in dieses Buch, sind die Songs der Carters von einer anrührenden Schlichtheit, die dank dieser schnörkellosen, nie manierierten Vortragsweise auch mehr als ein halbes Jahrhundert nach ihrem Entstehen jene Innigkeit ausstrahlen, die der *Carter Family* damals zu Starruhm verholfen haben mag. Oder man kann von *Carter*-CDs das Singen und Spielen lernen – warum nicht. Die *Carter*-Edition auf Rounder Records macht die CDs mit dieser frühen Countrymusik leicht erhältlich; am besten gefällt mir die Musik aus der Zeit um 1930, zu hören auf ‚**When the Roses Bloom in Dixieland – The Complete Victor Recordings 1929–1930**‘, darum gehört sie als erste Country-Platte ins imaginäre Regal unserer Tip-Top-Patent-Plattensammlung.

41

THE CARTER FAMILY
‚When the Roses Bloom in Dixieland‘ (1995)

Wie beim Blues, wie bei Techno oder Punk ist es ohne weiteres möglich, sich die ganze Bude wandhoch mit „unentbehrlichen“ Country-Platten vollzuknallen und ein Buch darüber zu schreiben, achtmal so dick wie dieses hier. Aber wenn wir die Popgeschichte auf kleinster Flamme zur unentbehrlichen Ursuppe eindampfen, so werden in dieser Buchstabensuppe immer ein H, ein A, ein N und ein K herumschwimmen, dazu alle anderen Konsonanten und Vokale, die man braucht, um Williams zu buchstabieren: **Hank Williams**.

Wie alle Großen war auch Hank Williams Eklektiker. Nichts, was er tat, war rein oder ungebrochen. Er lernte Gitarre spielen von einem schwarzen Straßenmusiker namens Tee-Tot, aber sein Blues entsprach nie dem 12taktigen Schema, sondern wurde ins ländlich-weiße Leben übertragen, das Williams so konkret und gemein zu beschreiben wußte wie kein zweiter. Der Blues umgab seine Countrymusik lediglich als Aura; das Wort „Western“ in Country & Western spielte für Hank Williams kaum eine Rolle: Wie sollte auch ein ärmlicher Junge aus dem Süden etwas von befransten Hollywood-Cowboys verstehen? So nannte er seine Songs zwar ‚Honky

Tonk Blues' oder ‚Long Gone Lonesome Blues' und trug Cowboy-
hüte und Anzüge, die mit schicken Achtelnoten bestickt waren,
aber das hagere Gesicht und die verzweifelten Lieder erzählten andere Geschichten, Geschichten von Alkohol, Amphetaminen und
Barbituraten, von dominanten Müttern, von verlorener Liebe, von
davongelaufenen Vätern. Von Gräbern.

‚Jambalaya' stand gerade an der Spitze der Hitparaden, als ein ab-
gemagerter Hank Williams halbnackt aus dem Gefängnis von Alex-
ander City, Alabama, entlassen wurde. Da hatte er noch vier Mo-
nate zu leben: Silvester 1952 wurde er zu einem Konzert nach Ohio
chauffiert. In Knoxville, Tennesse, wo man wegen eines Schnee-
sturms die Nacht verbrachte, injizierten ihm seine Begleiter
schmerzstillende Mittel, du kannst auch Drogen dazu sagen. Am
Zielort Canton wurde Hank Williams dann für tot erklärt. Es war
der frühe Morgen des 1. Januar 1953.

Sein Tod löste ähnliche Schockwellen aus wie später die Medien-
tragödien um Elvis Presley oder Lady Di. Prozesse und häßliche
Streitereien um die Erbschaft und die Rechte an den Liedern kom-
plettierten das skandalöse (Ab-)Leben. Aber nichts
von alledem konnte auch nur ein Quentchen weg-
nehmen von der schlichten, geradlinigen und unge-
künstelten Art (wie in: Kunst), mit der Hank Williams eine Musik, die sich zum Gutteil aus Kitsch
und Sentimentalität speist, in Sphären hob, in de-

42
HANK WILLIAMS
‚The Original Singles
Collection... Plus' (1990)

nen man vielleicht italienischen Neorealisten oder den Bildern eines
Edward Hopper begegnet, aber einem Countrymusiker? Platz da
für **‚The Original Singles Collection...Plus'.**

Es gibt Bücher, die einen extremen Einfluß ausüben auf jedermann
und jedefrau, ohne daß man diese Bücher gelesen haben muß: Der
‚Mann ohne Eigenschaften' gehört dazu, der ‚Zauberberg' und ‚Auf
der Suche nach der verlorenen Zeit'. Die Handlung dieser Bücher
kann als bekannt, die Essenz als auf osmotische Weise überliefertes
Erbe unserer Zivilisation angesehen werden, eingeatmet, ausgeat-
met mit jedem neuen Tag.

In der Popmusik zählen die LPs von Elvis Presley oder den
Beatles zu diesen „in der Luft liegenden" Gemein-heiten und fehlen
in diesem Buch, weil die anderen Einträge ständig auf sie vor- oder

zurückverweisen. Also lassen wir den Elvis ohne Schlagzeug (gut) und den Elvis mit Schlagzeug (irgendwie nicht gut) Country, Rockabilly und Rhythm'n'Blues verquicken, lassen wir Amerika von den Beatles überrannt werden und neu erstehen im Sound der Surfer und Country Rocker, auf die ich in der nächsten Abteilung noch kommen werde. Zwanzig Jahre nach dem Tod von Hank Williams wurde in den USA langsam ein neuer Typus Countrymusiker aktiv, der sein Haar bis zum Arsch trug, Joints nicht für eine Todsünde hielt und ein entjungfertes Mädchen nicht gleich für eine Hure. Nashville war ihm ein Greuel; Bluegrass Musik fand er geil, weil irgendwie folkig und authentisch und wild und nicht so leicht vereinnahmbar vom Establishment, also lernte dieser Kerl und übte und fand angetörnte Freunde, und gewann die Herzen manch alter Haudegen, denen die Grand-Ole-Opry-Kacke auch zum Hals heraushing, und alles wurde bekiffter und schneller und schneller und bekiffter – was für ein Gegensatz – und auch technisch versierter und elektrisch verstärkter und schließlich zu Newgrass oder auch zu Outlaw Music oder dann doch zu Country-Rock: Jedenfalls, die neuen Jungs waren da, von Jimmy Buffett, Waylon Jennings, Dough Sahm, Guy Clark, über *Commander Cody & His Lost Planet Airmen* bis zu den Whizz-Kids wie Bela Fleck. Darüber thronen die neuen Megastars: Dwight Yoakam als der reinkarnierte

---

Bluegrass: Archaisches Sub-Genre der Countrymusik, das weit in die dreißiger Jahre zurückreicht und in der Person von Bill Monroe eine erst Mitte der neunziger Jahre verstorbene Integrationsfigur für mehrere Musikergenerationen zu bieten hatte. Die meist lichtschnell gespielte und von Mandolinen und Gitarren dominierte Bluegrass Musik galt dank ihrer hohen Anforderung an die spielerischen Fähigkeiten und ihrer eher regionalen Popularität als weniger korrupt und kommerzialisiert als der Mainstream aus Nashville. Während des Folk Revivals entstanden auch an der amerikanischen Ostküste immer mehr Bluegrass Combos, die Musikern wie Earl Scruggs zu nationaler Bekanntheit verhalfen. Mit der Etablierung von Country Rock um 1970 ging quasi spiegelverkehrt im Country-Bereich eine Modernisierung des Bluegrass-Genres einher, das mit „Newgrass" eine Extra-Schublade verpaßt bekam, die flotten Pickern und Fiddlern bis heute offensteht. Bela Fleck, Del McCoury, *IIIrd Tyme Out...*
Bevorzugtes Format: eine mit Freunden im sportiven Wettstreit aufgenommene Live-Platte.

Hank Williams, Garth Brooks als die Barbie-&-Ken-Version von Countrymusik, dazu die ganzen Neo-Country-Diseusen von Emmylou Harris bis Nicolette Larson.

Country strahlt seit den siebziger Jahren selbst in so entlegene Musik-Galaxien wie Funk oder Jazz aus; Performance-Künstler wie Ned Sublette setzen den Stetson auf, und Ulk-Punks wie *Ween* ziehen gen Nashville, um den korrekten Sound zu bekommen, während sich Johnny Cash unter Anleitung eines Hardrock- und HipHop-Produzenten ein spartanisches, ja fast Beckettsches Alterswerk abringen kann – Postmoderne auch in der Countrymusik, verwirrend, unübersichtlich.

Wem das Tempo dieses Countrydurchmarsches zu hoch war, für den sei die Zeit nochmals zurückgedreht ins Jahr 1973, als Post noch etwas mit Briefmarken und Moderne mit Raketen zu tun hatte: Alt seien sie und im Weg, **Old & in the Way**, kokettierten damals ein jüdischer Picker, ein Folkie aus North Carolina, ein ständig ausgespaceter Hippie mit freundschaftlichen Banden zu den Hells Angels und eine aufgeschlossene Bluegrass-Eminenz. Sie würden sich noch wundern, wie alt sie alle werden sollten. Oder wie jung sie dann doch sterben würden. Aber 1973 war man jenseits der Dreißig schon ein Midlife-Greis, und als solcher durfte man Old-timey Music spielen: Also pickten und balzten und sangen sich David Grisman, Peter Rowan, Jerry Garcia und Vassar Clemens auf eine bekiffte Weise engagiert durch ein nur aus heutiger Sicht altertümliches Repertoire – schließlich hatte man damals aktuelle Songs von den *Rolling Stones* oder von Peter Rowans Alben der Bluegrass-Behandlung unterzogen – und selbst heute kann man sich der antiautoritären und demokratischen Umgangsart von ‚**Old & in the Way**‘ nicht entziehen. Verglichen mit den

43
JERRY GARCIA/OLD & IN THE WAY
‚Old & in the Way‘ (1974)

zeitgleichen, etwas zu „witzig" geratenen Unternehmungen John Hartfords oder den salbungsvollen Weihespielen der *Nitty Gritty Dirt Band* sind die gelegentlichen Treffen dieser freundschaftlich verbundenen und doch in verschiedenen Welten beheimateten Musiker ein Genuß, der über das Genre Countrymusik hinausweist. Eine ausgestreckte Hand. Freunde. Die ideale Musik, falls jemand zu Besuch kommt, den man jahrelang nicht mehr gesehen hat.

Es ist keine Countrymusik, nicht einmal Country Rock, die Jerry Garcia 16 Jahre später mit einer Band einspielt, der Dylan-Drummer David Kemper, Melvin Seals – früher mal bei Elvin Bishop, falls jemand sich an den erinnert – und John Kahn, ein Session-Hengst und langjähriger Partner von Garcia, angehören.

44

JERRY GARCIA
‚Jerry Garcia Band' (1990)

Aber ‚**Jerry Garcia Band**' ist nach den gleichen Prinzipien wie ‚Old & in the Way' gestaltet: Gleichberechtigung, Respekt, Spaß. Man greift sich vier Dylan-Songs, einen von Lennon/McCartney, ein bißchen was von den *Dead* oder *The Band* und erweitert das Material auf sieben, zehn, 17 Minuten, erweitert es um lange Gitarren-Trips, um Orgelsoli und Kollektivimprovisationen. Was da nach Oldtimer-Mucke klingt, ist auch Oldtimer-Mucke. Es ist die Doppel-Live-CD, auf der alles drauf ist, was man wegen Punk, seit Punk und nach Punk eigentlich hassen müßte. Aber wer die lächerlichen Beschwernisse, die einem Zeitgeist und Ideologie auferlegen, hinter sich läßt, wird durch das Erlebnis eines klassischen Klangraums belohnt: So wunderschön kann Rockmusik sein, die von alten Säcken, von handwerklich perfekten, innig in ihre Musik verliebten Althippies gemacht wird.

Jerry Garcia unterliegt auf dieser CD nicht den Gruppenzwängen, nach denen *Grateful Dead* mit ihren zugegebenermaßen herausragenden Alben funktionierten: die gern etwas zu jazzrockigen Improvisationsorgien ohne Punkt und Komma und Ende. Bei der *Jerry Garcia Band* verlangt das Material einen formal strengeren Ansatz, der zwar viel, aber nicht zuviel Platz bietet für die Egos der Musiker. Innerhalb dieser „temporär autonomen Zone" zählen nur das Können und die Liebe zum Augenblick. Und dieses Können, diese Liebe dient einer Art Reinigungszeremonie, während der nach und nach alles Sentimentale, alles Nostalgische von dieser Musik abfällt, die Stücke teilweise ein Qualitätslevel erreichen, das die Originale bei ihrem Erscheinen wie Übungsraumquatsch hätte erscheinen lassen – das Größte seit Brot in Scheiben. Ein Hochamt.

„I'm a cowboy who's never seen a cow . . ."

Abteilung 12, in der ein Millionärssöhnchen immer fetter und wichtiger wird, bis er schließlich platzt und alle Welt ihn plötzlich betrauert . . .

In den sechziger Jahren war die Geschichte des Country Rock die Geschichte eines einzigen Mannes: Gram Parsons. Als Klein-Gram sich 1946 aus dem millionenschweren Rinderbaronessenmutterleib befreite, hieß er zunächst Cecil Ingram Connor und war der Sohn des Country-Sängers Coon Dog Conner. Eine Beerdigung und eine Hochzeit später verschmolz er die Namen seines leiblichen und seines Stiefvaters zu Gram Parsons. Mitte der sechziger Jahre beerbte Gram seine Mutter und schrieb sich voll Trauer zum Theologiestudium in Harvard ein, das aber nicht länger gedauert haben kann, als man braucht, um LSD zu buchstabieren. Statt Theologie suchte Gram nun Boston mit der *International Submarine Band* heim,

---

Country Rock: Hybridform der Rockmusik, die sich über die Rückbesinnung auf country-typische Instrumente und Spielweisen einen Zuwachs an Authentizität und Respektabilität versprach und gleichzeitig die Ende der sechziger Jahre etwas stereotyp am Blues orientierte Rockmusik durch eine Country-Infusion lebendiger und interessanter machen wollte. Viele Country-Rocker hatten eine Vergangenheit als Folkie oder Bluegrass-Musiker, die durch das zunehmende Interesse an Country reaktiviert werden konnte. Nach anfänglicher Ablehnung sowohl durch das Country-Establishment wie auch durch die Hippie-Kultur schafften es gewiefte Manager in den siebziger Jahren, Country Rock zur dominierenden amerikanischen (= kalifornischen) Form der Rockmusik auszubauen, was nicht heißen soll, daß Europäer wie Iain Matthews oder die *Kinks* keine prächtigen Outlaws abgeben konnten. Der kommerzielle Erfolg von Gruppen wie den *Eagles, Poco* oder den *Doobie Brothers* führte im Lauf der Jahre zum schleichenden Übergang vom rebellischen Gestus der Country-Rocker zum luxuriösen Swimming-Pool-Softrock, den nur noch die Punk-Revolution ersäufen konnte. Ende der achtziger Jahre kam es zu einer Renaissance eines countryfizierten Rocks mit nachgerade klassizistischen Bands und Interpreten wie Chris Cacavas, Chuck Prophet oder den *Ass Ponys*.
Bevorzugtes Format: LPs, auf denen zuerst Frauen mit Pferden, dann Pferde mit Motorrädern, dann Motorräder mit Liegestühlen verwechselt wurden.

einer Country-Rock-Gruppe, die mit ‚Safe at Home‘ das aktenkun-
dig erste Country-Rock-Album der Weltgeschichte veröffentlichte.

45

THE BYRDS
‚Sweetheart of the Rodeo‘ (1968)

Zu spät für Gram: Der törnte mit seiner Mischung aus Hillbilly und Marihuana bereits
die Rocker-Aristokratie von Los Angeles an,
gründete die *Flying Burrito Brothers*, stieg
mal kurz bei den **Byrds** ein und schnell wieder aus, nicht ohne schuld zu sein an deren Nashville-Ausflug
‚Sweetheart of the Rodeo‘, einer der anrührendsten und zärtlich-
sten Platten, die jemals eingespielt wurden.

Eigentlich wollte Ober-Byrd Roger McGuinn im Windschatten
der *Beach Boys* und *Beatles* ein Großwerk abliefern, ein mehrteili-
ges Album, das die Musikgeschichte des 20. Jahrhunderts Revue
passieren lassen sollte. Als die Aufnahmen aber nicht recht vom
Fleck kamen, brachte Chris Hillman seinen neuen Spezl Gram Parsons als Pianisten (sic!) für die Jazzteile (sick!) mit ins Studio. Als
die *Byrds* das Studio wieder verließen, waren sie schon unter Füh-
rung von Parsons auf dem Weg nach Nashville, um ‚Sweetheart of
the Rodeo‘ aufzunehmen. Leider hatte Parsons bei seinem Hochge-
schwindigkeitszaubertrick übersehen, daß er bei einer ganz anderen
Firma unter Vertrag stand als die *Byrds*, so daß nachträglich fast alle
Gesangsteile, die Parsons bestritt, entfernt werden mußten (und
erst 1990 im Rahmen einer *Byrds*-Retrospektive veröffentlicht wurden). Da man schon in Nashville war, kümmerten sich die *Byrds*
auch um einen Auftritt im Allerheiligsten, in der Grand Ole Opry.
Die Verblüffung bei Parsons und Freunden war groß, daß ein elektrisch verstärkter Haufen langhaariger Hippie-Cowboys mit einer
Protestsong-Vergangenheit und einer Drogen-Gegenwart mit eisi-
gem Schweigen begrüßt und ohne Applaus verabschiedet wurde.
Gram Parsons rächte sich umgehend mit der Anti-Redneck-Num-
mer ‚Drug Store Truck Driving Man‘, die zu einer der ganz großen
Hippie-Hymnen werden sollte.

Trotz des mäßigen kommerziellen Erfolges von ‚Sweetheart…‘
verdient die Platte einen Platz unter den fünf besten LPs der sechziger Jahre. Schon bei den ersten Tönen der Dylan-Nummer ‚You
Ain’t Going Nowhere‘ verzahnen sich Country-Ästhetik, jingle-
jangelnde Gitarrensounds und Harmoniegesang zu einer Sound-
Maschine, die weder im Rock noch von reiner Countrymusik zu er-
warten gewesen wäre. Die filigran-stereophone Melange füllt sofort

den Raum mit euphorisierenden Klangpartikeln und Stimmen, die auf vertrackte Art ein so ungeahntes Wohlgefühl vermitteln, einen solchen Frieden, daß man die Welt umarmen möchte: Love & Peace!

Da war der Glücksmoment auch schon vorbei – Gram Parsons fing an, mit Chris Hillman *Flying-Burrito-Brothers*-Platten zu machen und den *Rolling Stones* Countrymusik näherzubringen, was seit ‚Sticky Fingers‘ sogar als geglücktes Unterfangen gelten kann. Parsons wurde mit der Zeit zum festen Mitglied der Jagger-Entourage, lernte die Pillen und Spritzen in Keith Richards Köfferchen kennen und wartete darauf, die versprochene Solo-Platte auf dem Label der *Stones* machen zu dürfen. Drogenabhängig, verfettet und unglücklich gab Gram Parsons erst 1972 seine Hoffnungen an der Garderobe ab und versuchte in den USA eine dritte Karriere. Wieder nahm er wunderfeine LPs auf, wieder kaufte sie kein Mensch. 1973 starb Gram Parsons an Herzstillstand als Folge übermäßigen Drogenkonsums. Seine Musiker stahlen den Sarg und verbrannten Grams Leiche in der Wüste Kaliforniens. Jahre nach seinem Tod erschien eine anrührende Live-Platte mit geschmackssicherem Repertoire, eingespielt vor fünfzig geladenen Gästen in einer Radiostation: **46** ‚**Gram Parsons and the Fallen Angels – Live 1973**‘, die bittersüße

GRAM PARSONS AND THE FALLEN ANGELS ‚Live 1973‘ (1982)

Kehrseite der weltumarmenden ‚Sweetheart…‘-Platte und das erste Mal, daß man Emmylou Harris singen hören durfte, damals Parsons-Zögling und bereits bezaubernd wie eh. Wenn man manchmal einfach zu zweit alleine weinen möchte, ist ‚Live 1973‘ die erste Wahl.

Country Rock heißt ja nicht, daß ein paar Hippies den Süßholzrasplern aus Nashville zeigen konnten, wo der Hammer hängt, sondern: eine diskreditierte Musikform für die eigenen Ansprüche und Bedürfnisse zu aktivieren. Den Maßstäben der reinen Country-Lehre zu genügen, konnte also höchstens ganz zu Anfang eine Rolle spielen; später mußte es darum gehen, country-gefärbte Musik mit neuen Inhalten, den Inhalten der Rockmusik, zu füllen: ein erstes

Mal „screw" zu singen (Jimmy Buffett), Drogen einzupfeifen, Bürgerrechte zu verteidigen, komisch auszusehen, anders zu reden, seltsam zu denken: fremdartig zu sein. Und Country stand plötzlich als Formensprache einer Generation zur Verfügung, die sich gerade selbst befreit zu haben glaubte: Also weinte die Lapsteel-Gitarre, schluchzte die Fiddle und stampfte der Cowboystiefel bald auf den unterschiedlichsten Platten und auf beiden Seiten des Atlantiks.

Der zum Superstar mutierte *Buffalo-Springfield*-Veteran **Stephen Stills** verstärkte 1971 mit den Parsons-losen Chris Hillman und Al Perkins seine Tour-Band, die sich *Manassas* nannte und im Rückblick wahrscheinlich die reifste und beste Band war, der Stephen Stills je angehören durfte – ebenso kurzlebig, ebenso zerstritten und eifersüchtig wie all die Country-Rock-Gruppen der frühen Jahre...

Auf ihrem 1972 erschienenen Debüt ,**Manassas**' demonstrierte die Band mit großer Lässigkeit, zu welchen integrativen Leistungen ein solch offenes Konzept wie Country Rock taugte: Mühelos, im Cannabis-Rausch, im milden Sommerwind gewissermaßen, tanzte die *Manassas*-Musik mal im Country-, mal im Rock- oder Latin-Groove, bis nach zwei Platten die Fans entsetzt zur Kenntnis nehmen mußten, daß der süße Marihuana-Rauch verzogen, der *Manassas*-Traum ausgeträumt und Stephen Stills wieder an den sicheren Dollar-Trog seiner egomanischen Kumpels Crosby, Nash und Young zurückgekehrt war – und zu deren Vorrat an harten Drogen.

47
STEPHEN STILLS
,Manassas' (1972)

Egal, wir haben ja die Debüt-LP: Sieben coole Jeansträger bohren auf dem Cover ihre Hände in die Jackentaschen. Es ist kalt im Norden, verdammich, aber sie bringen den Sound des Südens ohne die Borniertheit dieser Region, jung, schwarz, weiß, langhaarig, talentiert und schnell wie die Schützen der James Gang, 1972 bereits mit einem Moog Synthesizer und seinen Sounds im Gepäck – als ein gelbes Band, das in die Musik geflochten wird, während zeitgleich in Großbritannien die Progrocker das Instrument und seine Möglichkeiten mit der tolpatschigen Grazie eines Rokoko-Reifrocks vorbeigockeln lassen. Zu schade, daß die *Manassas*-Geschichte wie die Debüt-LP mit einem Blues enden mußte.

Jug Band Music: Die ersten Jug Bands trieben ihr Wesen um 1905 in Kentucky und waren dort beliebte Party-Combos der schwarzen Bevölkerung. Ein Nachbar brachte ein Banjo, einer eine Fiddle oder zwei Löffel – und unbedingt einen notwendigerweise leeren Steinkrug, der sonst das Schwarzgebrannte beinhaltete. Dieser Krug – jug – wurde angeblasen und erzeugte den tiefen, tragenden Ton, der dieser Do-it-yourself-Musik ihren Namen gab. Gespielt wurde, was gefiel; stilistische Beschränkungen gab es nicht und handwerkliche fielen kaum ins Gewicht. Als in den zwanziger Jahre erste Platten mit Jug-Bands gemacht wurden, etablierten sich einige professionelle Formationen wie die *Cannon's Jug Stompers* oder die *Memphis Jug Band*, deren Schellacks den jungen Folk-Freaks der sechziger Jahre die Vorlagen lieferten für lose Gruppen, die bald als *Jim Kweskin Jug Band*, als *Grateful Dead* oder *Lovin' Spoonful* erfolgreich werden sollten. Dreißig Jahre später macht *Lovin' Spoonful*-Chef John Sebastian wieder oder immer noch Jug Band Musik – so wie Tausende von Amateurgruppen in ganz Amerika: It's easy. It's fun! Und jeder darf mitspielen.
Bevorzugtes Format: Cassetten-Mitschnitt vom letzten Wochenende, als wir in diesem Club in Richmond noch ein Bier trinken waren.

Ein begnadeter Country-Eklektiker war, auch ohne Synthesizer, **Dan Hicks**. Eigentlich stammte Hicks aus New Mexico, erreichte aber erste Berühmtheit als Drummer der nordkalifornischen Proto-Punk-Gruppe *The Charlatans*, die er 1968 zugunsten der selbsterdachten **Hot Licks** verließ, die eine freigeistige Mischung aus Folkies, Rockern und Spinnern waren und ihre Freestyle-Countrymusik auch genau so klingen ließen. Neben Country-Elementen und einem bekennenden Cowboy-Outfit packte Dan Hicks hemmungslos moderne Mainstream-Jazz-Arrangierweisen, den Gitarrensound des Hot Club de Paris, parodistische Elemente, Jug-Band-Klamauk und das Savoir-vivre eines kalifornischen Dandys in seine allen Hörgewohnheiten um zwei Jahrzehnte vorauseilende *Hot-Licks*-Musik. Auf einem LP-Cover heißt es: „Hicks benutzt Stimmungen und Stimmen aus der Vergangenheit, um das Gehirn seiner Hörer in Richtung Zukunft umzupolen." Und Ben Sidran, Pianist und notorische Kultfigur von eigenen Gnaden, bekennt, wegen eines Gitarrensolos in dem *Hot-Licks*-Stück ‚I Scare Myself' einen Auffahrunfall gebaut zu haben. Die Musik von Dan Hicks zeichnet sich aber nicht nur durch Anstiftung zu verkehrsgefährdendem Verhalten aus: Vor allem ist sie makellos. Spitzengeklöppelt. Porentief rein. Perfektes Handwerk. Außerdem ist sie irgendwie schräg. Champagnertrunken. Beschwipst. Ein erstrebenswerter Zustand. Schließlich ist sie modern. Postpostpost. Glatte, spiegelnde Oberfläche. Hochkomplexe Strukturen. Musik mit beheizten, von innen verstellbaren Außenspiegeln.

1978 nahm Dan Hicks seine letzte LP für lange Zeit auf; manche hielten ihn bereits für tot und hätten alle Elvis-Compilations und alle *Creedence-Clearwater-Revival*-Platten verschenkt und das Gesamtwerk von Hank Williams jr. noch dazu gegeben, wenn sie

48

DAN HICKS & HIS HOT LICKS
‚Striking it Rich' (1972)

nur mehr eine einzige Platte wie ‚**Striking it Rich**' hätten hören dürfen, auf der Country den Rock ein klein wenig lupft und darunter Jazz und Nachtclubs und Flitter und Dekadenz frech hervorgrinsen. Jaja, frühe, glückliche Jahre. Ihnen folgte die nicht nur Country-Rock-mäßig eher bescheidene Dekade der *Eagles* und *Loggins & Messinas* und der *Doobie Brothers*, die eigentlich nur zwei, drei Jährchen dauerte, aber eben wie ein Jahrzehnt wirkte und deshalb mit nichts anderem als beleidigtem Schweigen bedacht werden soll.

„A trader in furs living in exile"

Abteilung 13: ein australisches Intermezzo

Der Cowboyhut, den sich Robert Forster Ende der siebziger Jahre im australischen Brisbane in die Stirn drückte, könnte auch auf Dan Hicks' Schädel gepaßt haben. Als sich die **Go-Betweens** gut zehn Jahre nach Gründung der Gruppe und dem Album **‚16 Lovers Lane‘** trennten, hatte sich ihr staubiger Pop-Exotismus der frühen Jahre in jene filigranen, paisley-gemusterten, dandyesken Gefilde emporgewendet, die Dan Hicks einst bewohnt hatte. Wie von Computerhand öffnen sich Klangblüten, Pop-Lichtungen, Streicher-

49
GO-BETWEENS
‚16 Lovers Lane‘ (1988)

prärien und wellige Rhythmusgitarrenlandschaften, auf denen sich die Verliebten von drei Kontinenten tummeln dürfen. Die Studio-Luft ist erfüllt von Fliederduft; Blütenstaub von exotischen Regenwaldgewächsen hängt zwischen den Rillen der LP; wie ein warmer Maienregen fallen die Stimmen von Robert Forster und Grant Mc-Lennan zu Boden, küssen Hit-Knospen, liebkosen Käuferhände, umschmeicheln Ladenkassen. Selten, nie war Rockmusik so sehr Pop, so gewillt, die Welt zu umarmen, zu tanzen, verliebt zu sein, erfolgreich zu sein, das Beste zu behalten, um die meisten zu erreichen. ‚16 Lovers Lane‘ ist die Adresse, an der Kritikerträume und Radio-DJ-Phantasien wahr werden, wo sich das Unverbindbare unverbindlich verbindet, Kunst meinetwegen, gerne auch Kommerz, Kontinuität und Kwalität.

Doch es hat alles nichts genutzt: Die Tourneen im Vorprogramm von *R. E. M.*, die Seemannskiste voll mit begeisterten Kritiken, die Freundschaft, das Können, die Musik: *The Go-Betweens* waren am Ende ihres Weges angekommen, gingen mit einer LP auseinander, die, um Robert Christgau von Village Voice zu zitieren, „von außen aussieht wie der übelste Ausverkauf an die Bedürfnisse einer großen Plattenfirma, [aber beweist,] daß die *Go-Betweens* immer noch des Pops großartige romantische Poeten sind." Für unsere unbefleckte Plattensammlung kommt fast jede der sechs *Go-Betweens*-Platten in Betracht, aber ‚16 Lovers Lane‘ bringt soviel Glück, Beschwingtheit und Leichtigkeit ins Leben, daß nur sie mit auf jene berühmte einsame Insel darf. Für alle Fälle. Für das erste Rendezvous. Für lange, einsame Autofahrten. Für das Frühstück an einem Sonntagmorgen. Für dunkle Stunden, wenn ein wenig Glück aus der Konserve nicht schaden kann.

Manchmal treffen sich **Grant McLennan** und Robert Forster noch und nennen sich auch heute noch für zwei Konzerte *The Go-Betweens*, aber jeder geht, wankt, tänzelt inzwischen seinen eigenen Weg durch das Leben im Lande Pop. Konnte man anfangs den Eindruck gewinnen, Forster sei ausschließlich für den Schatten im eigentlich sonnendurchfluteten Reich der *Go-Betweens* zuständig gewesen, so haben sich seine Platten im Lauf der Jahre doch aufgehellt und beschreiten souverän einen eigenständigen Weg zwischen Rock und Pop.

Verbissener, unbekehrbarer scheint Grant McLennan den Wunsch nach kommerzieller Anerkennung zu verfolgen, nach POP in großen Lettern über dem New Yorker Madison Square Garden, nach Stadion-Tourneen und der Liebe aller 16jährigen Mädchen dieser Welt. McLennan verbiegt sich, verkauft sich, versucht sich als professioneller Musiker, so gut er kann – ohne jene dunkle, beschattete Seite ganz hinter sich lassen zu können, die einst vor allem Robert Forster zugeschrieben wurde. 1994, zwischen lauter mäßig erfolgreichen CDs, nahm McLennan jene Platte auf, die vielleicht die ideale Nachfolgerin von ‚16 Lovers Lane‘ gewesen wäre: **‚Horsebreaker Star‘.**

50

GRANT McLENNAN
‚Horsebreaker Star‘ (1994)

Einmal mehr schien alles falsch: Aufnahmeort Nashville, Doppel-CD, nichtssagendes Polaroid-Billig-Artwork. Und doch war schließlich alles richtig, schenkte uns Grant McLennan ein zeitlos schönes Country-Folk-Rock-Pop-Album, dem die Ehre gebührt hätte, den Namen *Go-Betweens* zu tragen, auch wenn gegen Ende der CD ein paar Rock-Nummern etwas arg raunchy geraten sind. Aber das Angebot ist zu groß, die Welt hört lieber Alanis Morissette oder Mariah Carey oder Techno oder *Happy Mondays*, jedenfalls nicht diesen ewigen Kritikerliebling mit der Stirnglatze, mißtraut einem Album, das mit Pferden und Küssen und grünen Sommergefühlen zu tun hat. Der Underground liebt gerade die neuen Country-Kauze wie Will Oldham oder Jay Farrar oder Mark Linkous, wer hätte da Zeit und Muße für – ‚Horsebreaker Star‘? Ich natürlich. Sie natürlich. Ehrensache.

„Six feet of snow are coming through my radio"

Abteilung 14, in der Hank Williams' versprengte Söhne und Töchter die letzten Reste von Country und Rock aufsammeln und damit ein feines Feuerchen entfachen

Es schneit aus dem Radio. Heutzutage kriegt man Frostbeulen vom Drehen am Sendersuchlauf. Rockmusik wird verachtet. Country ist blöd. Country Rock hören bloß ergraute Pferdeschwanz-Typen, schließlich hat ein neues Jahrzehnt begonnen, vorwärts also und das schnell. Da körnt sich grob eine schwarzgraue Masse aus den Lautsprechern, tropft zu Boden, bildet Sound-Tümpel. Und aus diesen öligen Farbflecken steigt langsam, langsam, quälend langsam, eine neue, unerhörte, unglaublich langsame – Musik, so schlapp, so durchlöchert und notgestopft wie die ältesten Socken eines Kuhtreibers: ‚**Around the Horn**‘ von der Chicagoer Combo **Souled American**. Die Saiten hängen schlaff und ungestimmt an den Hälsen von Gitarre und Baß; letzterer nimmt notgedrungen die Melo-

51
SOULED AMERICAN
‚Around the Horn‘ (1990)

die bei der Hand und führt sie durch das gelegentliche Pling und Plong von halber Note zu ganzer Pause, während Cannabis-Qualm den Blick auf die Notenblätter unmöglich macht. Dazwischen, alle drei, vier Nummern mal, plötzlich verqueres Up-tempo, komische Metren, twängende Gitarrensounds. Aber bald schon, gottseidank, lehnt die Band sich wieder entspannt zurück, alle ziehen nochmals an der Wasserpfeife, und der Sänger quäkt im verzerrten Country-Falsett von Liebesleid und Lebensfreud: Alles in allem klingen *Souled American*, als habe man eine Cassette der *Stills/Young-Band* zu lange in der Sonne liegengelassen – aber, seltsam: Nach kürzester Zeit will man gar nichts anderes mehr. Tief einatmen, Luft anhalten, Augen schließen: pfffff. Ich höre Farben, ich sehe Töne, pffffff. Cool.

Als hätten sie nur darauf gewartet, daß Menschen wie Howe Gelb von *Giant Sand* oder Couch-Potatos wie *Souled American* ihren Hintern in den Sattel eines neuen Jahrzehnts kriegen würden, war die Prärie plötzlich voll von leicht bedröhnten White-Trash-Cow-

Lo-fi: Anfang der neunziger Jahre sanken die Preise für semi-professionelle Studioausrüstung, DAT-Recorder oder Sampling-Computer endgültig auf ein Niveau, das für einen Normalverdiener in einer Industrienation erschwinglich war. Und trotzdem wurde und wird immer noch ein Teil der Bevölkerung, meist Jugendliche, auf Grund der Kosten und der Qualitätsstandards vom etablierten Popmarkt ausgeschlossen. In der Regel begründen solche ausgegrenzten Individuen einen neuen Underground mit eigenen Kriterien für Qualität und Wert einer Musik.
So auch bei den frugalen Klängen der ersten Lo-fi-Musiker, die sich von den Fertigkeiten einer formalisierten Indie-Musik und den high-fidelen Hörerwartungen der CD-Welt abgrenzen wollten und deshalb gern verrauschte Billigstaufnahmen von dünnen Jungmännerstimmen zu subpunkigem Gitarren-Schrammschramm feilboten. Den Reiz dieser gern zärtlichen Musik und den freundlichen Charakter ihrer Szene lernten bald auch etabliertere Musiker zu schätzen und begannen wie Lou Barlow von *Sebadoh* ein Lo-fi-Nebenprojekt namens *Sentridoh* und eine Lo-fi-Partnerschaft mit John Davis namens *The Folk Implosion*, der mit ‚Natural One‘, ihrem Beitrag zu dem Film ‚Kids‘, eine Hitsingle gelang, die neben ‚Loser‘ von Beck den einzigen Lo-fi-Kassererfolg darstellt.
Bevorzugtes Format: eine Cassetten-Compilation aus Kalifornien, auf der man nur den Namen Lou Barlow kennt.

boys, die klingen, als spiele man eine Single des kultisch verehrten Rockabilly-Primitiven Hasil Adkins auf 33 rpm ab. Der neue Country Rock reicht von bittersüßen Lo-fi-Versuchen bis in die Hitparaden, von *Smog* bis *Mazzy Star*. Just in deren Vorprogramm

52

SPARKLEHORSE
‚Vivadixiesubmarine
transmissionplot‘ (1995)

mühte sich 1996 auch **Sparklehorse**, die Band von Mark Linkous, der sich mit übergroßem Hut und übergroßem Ego zu seinem Stuhl auf der Bühne schleppte, gehbehindert, arrogant wie zehn Rapper, auf sein Stöckchen gestützt wie ein tollwütiger Dandy, kurz: eine Reinkarnation der Westernlegende Doc Holiday. Im Gepäck hatten *Sparklehorse* eine zartbittersüße, oft an der Schwelle des Hörbaren entlangtorkelnde LP namens ‚**Vivadixiesubmarinetransmissionplot**‘.

Ein beiläufig auf der Gitarre gezupfter Walzer eröffnet das melancholische Werk, wird sofort gestört, nein, nur eskortiert von schabenden und schleifenden Bandgeräuschen, die sich schließlich als manipulierte Drehorgelklänge entpuppen, sowie einer wie durchs Telefon gesungenen Stimme. Wie bei *Creedence Clearwater Revival* selig ist ein „bad moon on the rise", aber heimlaufen und verstecken helfen nicht mehr: Der Sänger hat schon den Dolch im Rücken, wie er behauptet. Dazu gesellt sich ständig und eher diskret ein kompetentes, nach Stahl und Chrom klingendes, meist akustisches, nicht mehr fröhliches, keinesfalls lebensbejahendes Musizieren, das von der naiven Lebenslust der ersten Country-Rock-Versuche nicht weiter entfernt sein könnte. Hier werden hinter dem Rücken des Hörers Dinge vorbereitet oder getan, von denen man lieber nichts weiß.

Während Mark Linkous seine Verletzbarkeit noch hinter seiner Behinderten- und Junkie-Aggressivität verbirgt, so liegt die geschundene Seele des ziegenbärtigen Häufchen Country-Rock-Elends namens Will Oldham offen zutage, mag er sich *Palace Brothers* nennen oder **Palace Music** oder *Palace* oder neuerdings unter eigenem Namen veröffentlichen. Oldham kombiniert die Errungenschaften der ersten Country Rocker – „If I could fuck a mountain…" – mit den verstimmten Gitarren *Souled Americans* und einer Singstimme, die klingt, als hätte sich Neil Young beim Salamischneiden die Finger verletzt. Wer sich als Young-Fan begreift, wird eh keine Schwierigkeiten haben mit den verschiedenen *Palace*-Ausprägungen: zu vertraut sind die verschlungenen Pfade zwischen „falsch" und „richtig", zwischen Song und Fragment, zwischen Country und Rock. Und schnell wird klar, daß sich hier einer – wie Young – zu den peinlichsten Dingen auf die peinlichste Weise äußern kann – ohne auch nur einen Augenblick peinlich zu wirken. Es werden Geschichten von Inzest, Schuld, Versagen ausgebreitet und mit einer hundertprozentig kongruenten Musik illustriert. Von Platte zu Platte scheint Oldham an seiner Psychoanalyse durch Pop zu wachsen und eine Loser-Macho-Attitüde anzunehmen, wo anfangs der reine Country-Wimp dominierte. Wenn diese Karriere sich ihrem Ende zuneigt, wird Will Oldham neben einigen großen Platten auch einen anderen Menschen aus sich gemacht haben – und nicht zuletzt deshalb muß ‚**Viva Last Blues'** in unserer für alle Lebenslagen tauglichen Plattensammlung stehen: der post-depressive Soundtrack. Die Gewißheit, daß nichts besser, aber alles immer anders wird.

53
PALACE MUSIC
‚Viva Last Blues' (1995)

Nur so nebenbei und weil Sie es ohnehin bereits bemerkt haben werden: Mir geraten selbst harmlose Kapitel über Operetten oder postmodernen Country Rock zum morbiden *musique noir*-Szenario. Wenn Pop anfängt, das eigene Axiom von der Kurzlebigkeit zu widerlegen und ins Zeitlose zu lappen, dann hat dies paradoxerweise meist mit einer direkten oder unterschwelligen Todesthematik zu tun. Aber ich bemühe mich um ein versöhnliches Ende in Sachen Country: Der nächste Eintrag ins Register der perfekten Plattensammlung betrifft eine CD, die mit einer Rock-Kakophonie beginnt, aus der sich alles entwickeln kann, ein Metal-Album, ein Hardrock-Album, eine avantgardistische Lärmorgie oder, kaum unglaublich, die wohl schönste countrygefärbte Platte der neun-

54

WILCO
,Being There' (1996)

ziger Jahre: ,**Being There**' von **Wilco**. *Wilco* ist Jeff Tweedys Projekt; parallel zu *Wilco* ist Tweedy bei der wunderbaren *„Faces*-für-die-Neunziger"-Combo *Golden Smog* zugange und in der Vergangenheit lauern *Uncle Tupelo*, die gern für das Gelbste vom Landei gehalten werden, was in dieser Dekade so passiert ist, naja. Aber lassen Sie sich nicht irre machen: ,Being There' gebührt die Krone. 19 Songs enthält die Doppel-CD, und jeder ist ein Grund genug, Jeff Tweedy mit „Sir" anzureden. Die Kritiker-Kollegen haben natürlich gleich wieder gemäkelt, eine CD hätte gereicht, so sei alles zu lang, breit und reichlich geraten. Aber nein, Einspruch, hoch ist es geraten, hoch, ,Eight Miles High', wenn's denn sein muß. ,Being There' verbindet enzyklopädisch die siebziger mit den neunziger Jahren, versöhnt *Faces* und *Mott the Hoople* mit Gram Parsons und Roger McGuinn, verbindet die transatlantische Feedback-Leistung von Alex Chiltons *Big Star* mit der Sehnsucht eines David Bowie nach einem imaginären Amerika: „I'm afraid of Americans!" Aber das alles muß man nicht kennen und wissen und hören: Es genügt, der romantischen Herzensbrecherstimme Tweedys zuzuhören, den sich türmenden Gitarren, dem relaxten Rhythmus; es genügt, sich den Songs gleich in einen Sessel zu fläzen und einen Trip mitzumachen durch menschenleere, nächtliche Straßen, dabei ein wenig in die erleuchteten Fenster zu blicken, sich ein wenig zu erinnern, sich ein wenig selbst zu bemitleiden, sich zu amüsieren auf eine sehr private Art und Weise. Diese Doppel-CD ist ein guter Freund, vor dem man keine Geheimnisse zu haben braucht und der auch vor einem selbst keine Geheimnisse hat: Nicht umsonst war ,Being There'

Monat um Monat und mehr als ein Jahr an der Spitze der Leser-Charts des deutschen Rolling Stone.

Und zu Jeff Tweedy selbst habe ich einmal gesagt, daß ich es besonders toll fände, daß er keine Angst habe, sich lächerlich zu machen, so offen und alltäglich und betont unmodisch wie sie seien. Er schaute mich verständnislos an und raunzte: „You say, we're not cool or what?" und war den Rest des Interviews über eingeschnappt. Ich hoffe, er versteht nie, was ich gemeint haben könnte.

„It doesn't take any talent to do that"

Abteilung 15, in der ein paar Sonderlinge auf die Tanzfläche drängen.

Zehn Jahre reichen, um in der Popmusik vom Underground-Säugling zum boring old fart zu reifen: Inzwischen tanzt eine Generation, für die war Techno immer schon da. Und Rockmusik fand irgendwie im vorigen Jahrhundert statt, als Opa um die Oma freite und das Bier noch dunkel war. Nur die Allerneugierigsten scheinen einen kleinen Blick zurück riskieren zu wollen: Es werden dann ein, zwei Sekunden Jimi Hendrix gesampelt oder eine steinalte Textzeile von den *Stooges* zitiert. Bald herrscht wieder Schweigen. Dabei, natürlich, hat auch Techno seine Vor-Geschichte – und die geht über die gebetsmühlenhafte Verquickung von deutschen *Kraftwerk*-Einflüssen und amerikanischem Schwulendisco-Know-how weit hinaus und eint im Rückblick Sonderlinge aus fünf Kontinenten unter dem Banner Techno.

Industrial Music: Auch wenn Lou Reed mit seiner ,Metal Machine Music' und Teilen des *Velvet-Underground*-Repertoires ein gewisses Recht hat, sich als Vater der Industrial Music zu fühlen, so begann die Geschichte dieses Genres erst 1976, als eine Londoner Künstlergruppe die Band *Throbbing Gristle* gründete, um das schockgewohnte Kunst-Publikum zu umgehen und den Popmarkt mit eigenen Mitteln – Labelgründungen, Konzerten, Tonträgern – zu attackieren. Das *Throbbing-Gristle*-Label nannte sich Industrial und bot bald vergleichbaren Helden des Lärms wie *Cabaret Voltaire*, Monte Cazzazza oder Boyd Rice eine Heimat. Industrial Music kombinierte von Beginn an elektronisch erzeugte Klänge, *musique concrète*-Elemente, herkömmliches Pop-Instrumentarium und exzessives Bühnengebahren, das parallel zu den Eskapaden der Punks ein beachtliches Publikum für die Krach-, Feuer- und Körperflüssigkeitsorgien ihrer erfolgreichsten Protagonisten wie *SPK*, die frühen *Einstürzenden Neubauten* oder Foetus aktivieren konnte. In den achtziger Jahren erfolgte eine breite Ausdifferenzierung der stilistischen Möglichkeiten der Industrial Music; allerdings wurde das Genre auch zunehmend banaler, und seine Bedeutung liegt heute eher in einer Vorläuferrolle für Techno, Trance und Ambient Music.
Bevorzugtes Format: ein Sampler mit sechs Industrial-Musikern aus fünf Kontinenten, der mit Schnipseln aus Anatomie-Lehrbüchern und Maschinenteilen geschmückt ist.

Eine frühe Schnittstelle zwischen Industrial-Lärm und aufgeklärter Popmusik war die Musik der englischen Gruppe **This Heat**. Die lakonische Technizität ihrer ersten LP, die elektronische, rockistische und bei Dub-Reggae entlehnte Elemente kombinierte, übertrifft selbst die Pionierleistungen von *Throbbing Gristle*, weil die Musik von *This Heat* ohne außermusikalische Referenzpunkte wie Humor, Homosexualität oder Kunst-Szene auskam. Die Stücke hießen ‚Testcard‘, ‚Water‘ oder ‚Rainforest‘ und wirken wie der musikalische Zwillingsbruder von Coppolas Film ‚Apocalypse Now‘: Was eben noch eine palmengesäumte Idylle war, brennt Sekunden später im Napalmfeuer. Wo gestern noch die Zivilisation Schlimmstes verhüten konnte, richtet sie morgen bereits unverzeihbare Greuel an. Maschinen und Animismus. Die Ästhetisierung des Unmenschlichen. Charles Bullen, Charles Hayward und Gareth Williams schufen eine Klangwelt, die brachial war, funky, maschinell, dennoch menschengemacht; was heute vertraut klingt und weniger schockierend denn angenehm kathartisch, verunsicherte die Rock-Klientel bei Erscheinen gehörig: Auf das Debüt ‚This Heat‘ mit seinen rollenden Drum-Patterns, den fiepsenden Maschinen und den elegischen Psalmen folgte eine Maxi, bei der erstmals nicht mehr klar war,

55

THIS HEAT
‚This Heat‘ (1978)

ob sie auf 45 rpm oder auf 33 rpm abgespielt werden sollte – heute eine weit verbreitete Verunsicherungsstrategie von Techno- oder Elektronik-Labels. Dazu kamen Live-Auftritte, deren alles überrollende Echokanonaden und Schlagzeugattacken jede Punkband wie einen Haufen aufgeschreckter Hühnerdiebe erscheinen ließ. Das Œuvre von *This Heat* rundete sich schließlich mit der zweiten und letzten CD ‚Deceit‘, die in gesetzten, gregorianisch anmutenden Gesängen zum Thatcherschen Leichenschmaus lud. Vorbei. Geschichte. Die Nicht-Stille nach zuviel Gerede.

Dreimal habe ich **Motörhead** getroffen, zweimal habe ich sie interviewen wollen, aber jedesmal blieb das Band leer, weil die Band schon voll war. Was auch sollten drei Krawallbrüder zu sagen haben, die der Meinung waren, gerade die beste Zeit ihres Lebens zu haben, auf Kosten der Plattenfirma eine endlose Party zu feiern und ab und zu die 120-db-Schwelle zu durchstoßen? Ich schaute ihnen zu, wie sie inmitten von Pressefritzen und Labeltussis ihr Bier tranken, wie

sie keine Ahnung davon haben wollten, daß all die Hochglanzbro-
schüren, Dia-Shows, Häppchen und Schlückchen von niemand anderem als ihnen selbst bezahlt werden würden. Ich war dabei, als sie
im Schwabinger Bräu so laut spielten, daß ich tagelang nur noch ein
Pfeifen hörte: Zwei Gigs später brachten *Motörhead* in Belgien eine
Hallenwand durch puren Schalldruck zum Einsturz. Ich habe ihre
gigantische Flugzeugattrappe auf der ‚Bomber'-Tour gesehen und
die Zahnlücken in Lemmys Mund und die Haare, die aus seiner Nase
wachsen. Ich habe mir ihre Platten noch gekauft, als sie längst nicht
mehr auf Platz 1 der Charts standen und ihre Plattenfirma sie hatte
fallenlassen. Sie waren vielleicht die erste und die lustigste Metalband
der Welt; sie sind es vielleicht immer noch, gemein, dumm, stumpf,
betrunken und laut ohne Ende. Der *Motörhead*-Rhythmus war der
Rhythmus der Betonmischmaschinen und der Schaufelbagger. Ihre
Melodien hatten die Schönheit von verrosteten Autowracks, und die
Texte meinten sicher nicht die klassenlose Gesellschaft, wenn von

---

Heavy Metal: Selbst so brachiale Genres der Popmusik wie Bluesrock
oder Hardrock entwickelten in den siebziger Jahren eine Tendenz zur
künstlerisch wertvollen Aussage, die leider selten in Stücken unter zwölf
Minuten zum Ausdruck gebracht werden konnte. So erschien den
Freunden härterer Rockklänge mit weniger Geduld und Zeit eine Ver-
mischung von *Black Sabbath*scher Brachialität, *Kiss*schem Teenage-
Appeal und der Kürze und Eindeutigkeit von Hardcore-Punk mehr als
wünschenswert, unfein abgeschmeckt mit jeder schocktauglichen In-
gredienz zwischen Päderastie und Nekrophilie: Anfang der achtziger
Jahre gaben noch *Motörhead* und Ozzy Osbourne den durch Mark und
Bein gehenden Ton an, aber bald wurden die britischen Heroen des
Groben durch eine neue, radikalere Generation erst britischer (New
Wave of British Heavy Metal), dann vorzugsweise amerikanischer
Bands wie *Slayer, Pantera* oder *Metallica* beerbt, die ihre Stücke teils zu
irrwitziger Geschwindigkeit hochpeitschten, dazu in einer Art Erbrechen
den Text von sich gaben und ihre Trash-Miniaturen mit einer Splatter-
film-Ästhetik versahen, die auch mit Nazi-Greueln kokettierte und, lo-
gisch, vor keiner Art von Blasphemie zurückschreckte. Diese Ausdifferenzierung der Ungeheuerlichkeiten führte auch bei Metal zu einer
extremen Zersplitterung des Genres (Death Metal, Thrash Metal, Speed
Metal, Grindcore...), das den massiven kommerziellen Erfolg der späten achtziger Jahre nicht aufrecht erhalten konnte und in viele regionale
Szenen zwischen Indonesien und Dinkelsbühl zerfiel.
Bevorzugtes Format: Moped mit *Queensrÿche*-Aufkleber.

‚No Class' die Rede war, sondern die Stillosigkeit irgend einer Braut, nachzuhören mit anderen, extrem bescheuerten Goodies auf ‚**Over-kill**', das außerdem eines meiner Alltime-Lieblingslieder enthält, die bluesige Nummer ‚I'll Be Your Sister' – eine grausige Drohung, wenn sie aus Lemmys Mund kommt.

56
MOTÖRHEAD
‚Overkill' (1979)

Motörhead waren das missing link zwischen Progrock und Punk und Metal, und sie hatten Lemmy Kilmister, der sein Patentgegröhle nach Belieben aus der Nietenweste schütteln konnte. Und dann irgendwann nicht mehr. Aber das gehört nicht in dieses Buch.

Frippertronics nannte sich dagegen eine Musik, die unspektakulär und leise und beiläufig daherkam und manchmal gern so debil und strohdumm gewesen wäre wie *Motörhead*. Und im selben Moment die ganze Aufmerksamkeit verlangen wollte. Frippertronics entstand, wenn der britische Gitarrist **Robert Fripp** seine Gitarre einstöpselte und Mischpult und Bandmaschinen den Rest erledigen ließ. Da klangen kleine, sich wiederholende Gitarrenfiguren auf, mit denen der Meister live interagierte und die er als ‚**Let the Power Fall**' ins Regal schmuggelte: mit

57
ROBERT FRIPP
‚Let the Power Fall' (1981)

der ganzen Autorität eines Rockstars, der mit *King Crimson* bereits Geschichte geschrieben hatte und sich nun anschickte, die Welt ein zweites Mal zu erobern. Frippertronics waren gewissermaßen die Schnittstelle der seinerzeit gerade aufkommenden New Wave und den Weiten jenes stillen Klangozeans, den die Brian Enos dieser Welt auf einem Dampfer namens „Ambient" bereisten. Die pointilistischen Klangtupfer auf ‚Let the Power Fall', die ihren Ursprung als Gitarrensound nur erahnen lassen, sind ein passendes Beispiel für die Frippsche Sehnsucht nach einem Publikum, das es zu schätzen weiß, wenn jemand **nicht** klug und witzig und genial sein will.

Und wie es eben so ist: All die klugen und witzigen und genialen Platten der Jahre um 1980 tragen heute ihre bemoosten Witzbärte zum Secondhand-Dealer, während Robert Fripps simplizistisches Werk mit seinen kargen und synthetisch erscheinenden Soundscapes dasteht wie die zweidimensionale ARD-Eins inmitten der lächerlichen 3D-Animationen unserer Fernseh-Gegenwart: nämlich supercool. Und während sich im Hintergrund mählich die Spulen der beiden Revox-Bandmaschinen drehen, zu deren Crescendi und

Ambient Music: Ihre Ursprünge hat Ambient wohl in den futuristischen Bemühungen eines Luigi Russolo, das Eindringen der Maschinengeräusche in die Welt des Naturklangs als eine Art Musik der Moderne zu begreifen. Sagt man Russolo, muß man wohl auch Cage und Satie und Duchamps sagen, Stockhausen und Nono. Doch ist die verschwägerte E-Musik unter Popularitätsgesichtspunkten nur arme Verwandtschaft, verglichen mit dem Erfolg ambienter Klänge in der Popmusik, die vorbewußt von Revolutionären wie *Red Krayola* oder von Hasardeuren wie den Produzenten von Novelty Hits oder dem weltraumbesessenen Joe Meek eingesetzt wurden und dadurch ins Pop-Bewußtsein einsickerten – bis Brian Eno die Einzelteile nur noch zum tragfähigen Ambient-Konzept zusammenpappen mußte: ruhige, nur minimal variierte Klangflächen, die den Hörer umgeben wie Luft und Licht. Sieht man von ambient-ähnlichen Klängen bei den Zuckerbäckern der Pop-Historie von *Pink Floyd* bis Vangelis ab, schaffte es erst das Bedürfnis der Techno-Tänzer nach entspannender Musik zwischen den Beats-per-minute-Gewittern, ambiente Klänge wie von Aphex Twin gar in die Hitparaden vordringen zu lassen.
Bevorzugtes Format: Original-Cassette der Firma Muzak.

Decrescendi der etwas spitzmäusige Fripp seine Saiten anschlägt, kann oben erwähnter Welteroberungsplan des Robert Fripp kurz nachgereicht werden: 1974 hatte Fripp seine Gruppe *King Crimson* aufgelöst und die Nähe des notorischen Experimentalisten Brian Eno gesucht, der zugegebenermaßen damals im Vollbesitz seiner drei Einfälle war und Fripp die progressiven Flausen der frühen Jahre aus- und die Zukunftsträchtigkeit von Maschinenmusik und kybernetischen Konzepten einredete. So kehrte zu Zeiten von Punk und New Wave, als jeder Mensch von Verstand und Geschmack einen Rick Wakeman zum Frühstück verspeiste, ein ProgRocker von seltenen Gnaden in die Öffentlichkeit zurück, um ihr einen Drei-Stufen-Plan vorzustellen:

1) mit avantgardistischen Solo-Unternehmungen im kleinsten Rahmen Profil und Selbstdisziplin beweisen,

2) im Kontext der New-Wave-nahen Band *The League of Gentlemen* die Trendsetter und Opinionleader von der eigenen Modernität überzeugen,

3) ein fulminantes und populäres *King-Crimson*-Comeback zu inszenieren, das die Möglichkeit unterstreicht, phantastische Rockmusik, mitreißende Konzerte vor großem Publikum, Hitsingles und street credibility zu vereinen.

Robert Fripp gelang all dies mit leichter Hand und toller Musik, und wer zwischen 1980 und 1984 nicht zu engstirnig war, um sich einen Auftritt des puterroten Königs anzuschauen, wird sich erinnern, wie vertrackt und vertraut, wie cool und engagiert die vier Musiker mit ungeraden Metren, langen, komplizierten Textzeilen und den gerade angesagten Versatzstücken der Moderne umzugehen wußten. Heute werkelt eine weitere Inkarnation von *King Crimson* am eigenen Nachruhm, aber die selbstverständliche Richtigkeit der frühen achtziger Jahre ist ihr abhanden gekommen – wie auch Fripps heutige Solo-Musiken bemüht und epigonal wirken im Vergleich zur reinen, technischen Schönheit und Klarheit, mit der er während seines zweiten Frühlings ums Haar die Revolution gewonnen hätte.

Was für Robert Fripp noch harte Arbeit im Steinbruch des Grundsätzlichen war, ist gerade zwei Jahrzehnte später tatsächlich massenkompatibel – auch wenn Fripps achtziger Prophezeiung, „small, mobile, intelligent units" würden die großen Plattenfirmen demnächst ablösen und sich als neues Wirtschaftsmodell des 21. Jahrhunderts etablieren, eher in jene Futuristen-Schublade gehört, die uns zur Jahrtausendwende atomgetriebene Rasenmäher versprach. Was sich gebildet und durchgesetzt hat, ist ein extrem fragmentierter Popmarkt, der einen wirklichen Mainstream nicht mehr kennt und es einer neuen Kaste mittelständischer Unternehmer erlaubt, von und aus der Szene zu leben. Manchmal gelingt es solch einer Firma, die oft noch gar nicht weiß, daß sie eine Firma ist, zur richtigen Zeit die richtige Musik zu unterstützen: So geschehen bei Drag City und anderen Labels in Chicago, die in den neunziger Jahren begannen, die kreativen Besonderheiten der Stadt und einer befreundeten Clique in Kentucky zu bündeln und sie als etwas in die Welt zu bringen, das bald als Post Rock schubladisiert werden sollte. Besonders die lockere Formation **Tortoise** (und niemand versuche, das Wort à la française herauszuknödeln!) hat es mir angetan, weil deren superbes Debüt ganz unkompliziert und ungeniert auf die siebziger Jahre zurückgriff, um so verpestete Stile wie Fusion oder Jazzrock unter die zeitgenössische Lupe zu nehmen, brauchbare Versatzstücke herauszulösen und mit dem stilistischen Knowhow der Gegenwart zu recyclen.
Aber so richtig gekracht und gescheppert hat es erst auf dem

Post Rock: Die Postmoderne ließ sich Zeit, bis ein Post Rock ausgerufen wurde. Wahrscheinlich ahnte man, daß es sich verhalten könnte wie mit des Kaisers neuen Kleidern...

Post Rock meint ein eklektisches Weiterverwenden bestimmter rockmusikalischer Accessoires – Gitarren, Schlagzeug, Auftreten als Band, Synkretismus, Live-Konzerte – ohne die Rock-Klischees zu bedienen: Gruppenidentität, Soli, Authentizität, Songstruktur, Machismo, Liedform...

Bezeichnete der Begriff Post Rock zuerst meist Projekte und lose Gruppen wie *Tortoise, Sea & Cake* oder *Falstaff*, die auf In-Labels in Chicago veröffentlichten (Drag City, Thrill Jockey), so haben diese zeitgenössischen, meist auf Texte verzichtenden und manchmal arg feinfühligen Weiterdenker der Rockmusik in den USA, Großbritannien und Deutschland zahlreiche Weggenossen gefunden: *Notwist, Salaryman, Trans AM*...

Bevorzugtes Format: CD im Papp-Umschlag.

Zweitling ‚**Millions Now Living Will Never Die**‘, der neben fünf anderen, mehr oder minder gelungenen Instrumentalnummern das über 20minütige ‚Djed‘ enthielt: die Musik der Zukunft, somehow. *Tortoise* gelang etwas ganz seltenes – sie betraten Neuland. Die

58
TORTOISE
‚Millions Now Living
Will Never Die‘ (1996)

Musiker um John McEntire reflektierten die eigenen Produktionsbedingungen in ihrer Musik, bedachten Sampling und Dancefloor und Independent und Jam Sessions und digitale Störgeräusche, ließen sich speziell auf letztere ein und benutzen sie zur Rhythmisierung des suitenhaften ‚Djed‘, transformierten sie also aus dem Negativen ins Konstruktive, ins Musikalische, und das auf eine Art, die eine Gruppe nicht ins Getto der Avantgarde zurück katapultiert, sondern die Sinnesorgane, die Aufnahmefähigkeit eines weltweiten Millionenpublikums öffnet, verändert, neu kodiert hat. *Tortoise* haben mit dieser einen Nummer ihre Schuldigkeit getan und aus dieser Welt einen schöneren Ort gemacht – jetzt können sie sich von mir aus auflösen, zersplittern, sich neue Abenteuer ausdenken oder Schlagermusikanten produzieren. Danke.

Verwandt, verschwägert mit *Tortoise* waren **Gastr del Sol**, ein Duo, das dem Experimentalkomponisten Jim O'Rourke und dem gewesenen Punkrocker David Grubbs eine Projektionsfläche bot für eine neue, im Wachsen begriffene Musik. Und sich auflöste, als mit ‚Camoufleur‘ die Arbeit getan, die perfekte CD eingespielt war. Schon der Titel deutet es an: Die Wörter camouflage und fleur verschmelzen – ein verhüllendes, etwas verschlagenes Wort und ein sich öffnendes, der Schönheit verpflichtetes. So ist auch die Musik von Grubbs und O'Rourke auf dieser endgültigen CD: Aus einer Weltabgewandtheit nach zuviel Rock, Lärm und Extrovertiertheit, die

59
GASTR DEL SOL
‚Camoufleur‘ (1997)

sich in unfertiger, kleinformatiger und zerstreut wirkender Gitarrenmusik äußerte, erspielten sich *Gastr del Sol* CD für CD eine eigene Ästhetik, um schließlich nach all den Umwegen und Selbsttäuschungen als ‚Camoufleur‘ aufzublühen und die Welt zu umarmen. Dabei enthält ‚Camoufleur‘ keinen einzigen Kompromiß: Die verzinkten, manchmal von hinten durchs Knie gedachten Tonfolgen der Gitarren leiten sich aus den früheren Arbeiten her; David Grubbs' dünne Stimme sinniert abseits aller Tonalität; die Produktion bleibt intim und introvertiert. Und doch reicht ein Rhythmus die Hand, erklärt eine zufällige Sprachaufnahme die immanente Kommunikationsproblematik, an der vielleicht auch das Duo zerbrochen ist, lächelt freundlich eine Melodie. Mehr noch als *Tortoise* ist *Gastr del Sol* post-irgendwas; die quasi-kubistische Bleistiftzeichnung auf dem Cover unterstreicht die Zersplitterung, die Nicht-Eindeutigkeit der Betrachtungsweise – und wem das alles zu „interlektuell“ klingt (O-Ton Leserbrief-Beschimpfung), der kann ‚Camoufleur‘ nutzen als wunderfeine Musik an einem sonnigen Morgen; heißer Kaffee steht auf dem Tisch, Croissants, die Sonne blendet nur ein wenig durch blühende Jasmin-Sträucher, ja, so eine Musik ist das, so eine CD.

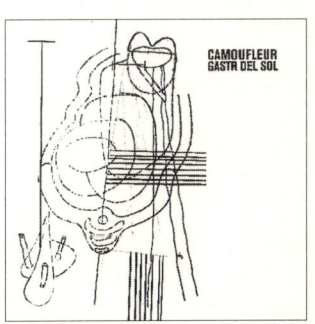

CAMOUFLEUR
GASTR DEL SOL

„I'm a Conservative"

Es sind dann doch die Stimmen, die einen am Leben erhalten. Nicht so sehr die Wörter und Worte, sondern die Stimmen. Ich weiß, die Generation nach mir feiert ihre Sprachlosigkeit – Verzeihung: ihr Nicht-Sprechen – als Errungenschaft, begnügt sich mit gesampelten Sprach-Fragmenten, einer Parole maximal, mit ein paar dickschwarzen Soulstimmen im Housegewand und kann genau erklären, warum das gut ist und nicht anders.

Aber ich brauche Stimmen. Stimmen, und das ist das Wichtigste, trösten. Sie teilen sich mir mit, erzählen in Tonfall und Stimmlage von einem anderen Leben, das gewisse Überschneidungen mit meinem aufweist, aber auch ungezählte andere Optionen enthält. Sie berühren. Sie geben Halt. Auf sie ist Verlaß, weil ich es so will. Von ihnen lasse ich mich gern belügen, weil ihre Lügen auch die meinen sind. Die erste Stimme, die mich anfiel wie ein Gott, gehörte **Bob Dylan**. Vermutlich kannte ich damals ein paar seiner Lieder

60

BOB DYLAN
‚Desire' (1975)

in der Version der *Byrds*, jedenfalls kaufte ich zögerlich seine LP ‚**Desire**' und war schockiert nach dem ersten Hören – darauf war ich nicht vorbereitet gewesen. Da ist ja gar keine richtige Musik drauf, bloß viel Mundharmonika und Gefiedel, ein wenig Rhythmusgitarre und Schlagzeug. Die Arrangements sind nur Vorwand: Dylan singt im Prinzip eine Stunde lang auf seinen Hörer ein, die Stimmbänder in die Nase verpflanzt, mal intonierend wie ein Araber, mal wie ein mexikanischer Outlaw, meist wie ein Irrer, ja, ein Cyrano de Bergerac, der zuviel Speed eingepfiffen hat. Die Songs sind meist keine Songs, sondern Melodramen, halb englische Ballade, halb Hollywood-Drehbuch, ein Western, ein Krimi, ein Horrorfilm, mal Scorsese, mal Hawks, mal irgendwas mit Rock Hudson. Hier nimmt einer Anlauf. Hier springt einer ab. Und er weiß nicht, ob unten im Becken Wasser ist. Nochmal die Ehe retten wollen. Nochmal konkret politisch sein. Aber dann doch nicht aus seiner Haut können. Bis er 1997 ‚Time out of Mind' veröffentlichte, hat sich Dylan immer wieder anhören müssen, ‚Desire' sei seine letzte gute Platte gewesen. Vermutlich haßt er sie. Vielleicht spielt Dylan bei seinen Konzerten deswegen so gut wie nie einen Song aus ‚Desire‘.

Eine vergleichbare Erschütterung hat nur noch **Townes van Zandt** bei mir ausgelöst. Wenn es Musik gibt, die einen zum Weinen bringen kann, dann ist sie vermutlich auf einer von van Zandts Platten zu finden, die fast immer auf kleinen Labels erschienen, die postwendend Pleite machten. Seine Folk-Outlaw-Country-Freunde dagegen wurden berühmt und landeten Hits mit seinen Liedern, was ihm half, Spielschulden, Schnaps und die Miete zu bezahlen; er selbst wurde nur geliebt. Eine Weile habe ich Gott und die Welt mit Townes-van-Zandt-Tapes versorgt, als die CDs noch nicht so leicht zu haben waren und sein Name nur eine verschüttete Erinnerung. So vermehrte sich durch ein Schneeballsystem Gleichgesinnter die Zahl der Menschen, deren Leben durch seine Lieder schöner und trauriger geworden ist, und als es ans Sterben ging – wie bei Hank Williams in einer Neujahrsnacht – konnte Townes van Zandt die Welt in einem besseren Zustand verlassen, als er sie vorgefunden hat. Kurz nach seinem Tod erschien ‚Highwaykind‘ (1997), ein erschütterndes Abbild seiner letzten Lebensjahre, die aber nur jenen etwas geben kann, die nicht nur den zittrigen, zerfurchten Krüppel gekannt haben, sondern auch den witzigen, ernsten, verwirrten jungen Mann, der seine Entwurzelung trug wie ein Kreuz. Die erste CD von Townes van Zandt sollte vielleicht besser ‚**Our Mother the Mountain**‘ sein, eröffnet von ‚Be Here to Love Me‘, einem seiner netten Patent-Songs zwischen Country

61

TOWNES VAN ZANDT
‚Our Mother the Mountain‘ (1969)

und Folk, nach deren Muster er eine Weile und ohne erkennbare Mühe Lieder raustat, für die andere ihre linke Hand gegeben hätten. Mit den Jahren fiel es ihm selbst plötzlich schwer, den Zaubertrick zu wiederholen, und bei Songs wie ‚The Hole‘ oder ‚Marie‘, die kurz vor seinem Ende nochmals den eigenen Standard erreichten, hatte man in den Konzerten stets den Eindruck, als würde van Zandt sie wie ganz besonders kostbare Geschenke verteilen.

Jedenfalls lockt einen ‚Be Here…‘ harmlos an, doch dann folgt das streicherumspielte ‚Kathleen‘, das ohne Warnung eine der van Zandtschen Gletscherspalten aufreißt, in deren eisigen Tiefen Tageslicht und Wärme und Geborgenheit nur noch wie ferne Erinne-

rungen erscheinen. ,Our Mother the Mountain' kulminiert schließlich in ,Tecumseh', einem absichtlich streng nach den Regeln der
Folk-Scholastik gestrickten Song, der wie kein zweiter in van
Zandts Repertoire zeigt, daß es the singer ist, auf den es ankommt
und not the song: Die lakonische Trauer, das tiefe Mitempfinden
hindert den Sänger nicht, die Dinge beim Namen zu nennen, die
dazu führten, daß jenes Mädchen, das man als Caroline kannte, den
Tod findet: Arbeitslosigkeit, Krankheit, Billigjobs, Hurerei. Pflicht-
erfüllung und Liebe. Unser Pfarrer rief, als ich noch ein Schulkind
war, allsonntäglich von der Kanzel: „Lesen Sie Solschenizyn!", bis
wenigstens ich neugierig und ein wenig genervt nachgab und mir
,Die Krebsstation' besorgte. In dieser Tradition zelotischer Aufgeregtheit rufe ich auch Ihnen zu: „Hören Sie Townes van Zandt!"

Der dritte Tenor, ein Bariton for sure, trägt schwarz und kennt die
Tiefen, in denen Townes van Zandt irgendwie verloren gegangen ist,
kennt aber auch die Höhen, kommerziell und künstlerisch, die das
Leben mit einer Gitarre und tausend Geschichten für einen bereit-
halten kann. Nun, am Ende der Karriere, als alles nach Selbstparodie
und Krankheit und Langeweile aussah, kam ein Luzifer oder Gabriel
namens Rick Rubin und holte **Johnny Cash**, den Man in Black, aus
seiner Sackgasse zwischen Oldie-Show und Hall of Fame. Rubin,
Produzent von HipHop und schwerem Schweinerock, nahm den
knollennasigen Alt-Outlaw bei der Hand, führte ihn auf den Gipfel
eines Berges und zeigte ihm alle Reichtümer dieser Welt: „All dies
kann dir gehören, wenn du vor mir auf die Knie fällst und mich an-
betest." Johnny Cash meinte, diese Story bereits zu kennen, machte
ein leichte Verbeugung und sagte: „Was nun?" Und Rubin, zufrieden
mit der Geste des Grandseigneurs, holte ein kleines Tonband aus seinem weiten Mantel und ließ Johnny Cash unbegleitete, finstere
Männerlieder singen, die Stimme brüchig, aber
voller Würde, die Mundwinkel heruntergezo-
gen: der Bad Lieutenant der Countrymusik.
Tote Frauen säumen die Straßen, Jesus flackert
als Erlöser durch die Todesphantasien, und man
merkt schließlich: Der Man in Black ist mit seinem seltsamen Leben
im reinen und nimmt nun zum Schluß dieses ganzen Spektakels auch
noch gern die Rolle des Untoten ein, in einen Staubmantel gehüllt,

62
JOHNNY CASH
,American Recordings' (1994)

flankiert von zwei fiesen Hunden, die Verwüstung hinter, das Grauen vor sich. Dabei ist diese Pose so echt wie die in Schönschrift auf lose Schulheftblätter gekritzelten Kindheitserinnerungen, die Cash uns durch Rubin in diesen ‚**American Recordings**‘ überbringen läßt, so echt wie die Kugeln in John Waynes Colt und so voller Leben wie die Christusstatue in Madonnas Video. Nichts wird freudiger angenommen als eine aus vollem Herzen geschenkte Illusion.

Bier brauen, Marihuana anbauen, Christbäume verkaufen, Autos überführen, Comics zeichnen – und alle heiligen Zeiten mal eine Platte machen: So wird man kein Star, auch wenn man ein paar von denen kennt und eine Stimme sein eigen nennt, die mal croont wie Julio Iglesias, mal klassisch Folk skandiert wie Steve Goodman oder gute Laune verströmt wie Loudon Wainwright III. – was hätte aus **Michael Hurley** alles werden können? Jedenfalls ist eine Art Dandy des hippen Hippietums aus ihm geworden, eine leicht ergraute und betüttelte Legendengestalt, die in ihrer Hipstergüte ab und zu die Menschheit teilhaben läßt an der Kunst des elegant-simplen Songwritings und des ganz monumentalen Singens – ohne die Psychosen eines Townes van Zandt, nicht verzerrt durch den Superstar-Overkill wie bei Bob Dylan. Und mit ‚**Watertower**‘ hat er sein Meisterstück abgeliefert: perfektes Handwerk, pling-plong-Gitarre im krispen Sound,

63
MICHAEL HURLEY
‚Watertower‘ (1988)

knarziges E-Piano, süße Backgroundstimmen, kleine, seltsame Geschichten von Wiedergängern, bemalten Autos, Indianerhäuptlingen und Hula-Mädchen, vorgebracht mit jener beiläufigen Grandezza, zu der eben nur Michael Hurley fähig ist.

Es hat noch niemandem geholfen, Kritikers Liebling zu sein. Als sich Ende der siebziger Jahre die drei Roches-Schwestern aus den Armen von Paul Simon und Loudon Wainwright III. gewunden, einen komischen Kung-fu-Tempel überlebt und auf der Straße Weihnachtslieder gesungen hatten, gaben sie sich stracks den Einflüsterungen des damals furchtbar aktiven Robert Fripp hin, der Suzzy, Terre und Maggie ins Reich der Gerüchte, hippen Clubs und Late Night Shows entführte. **The Roches** waren etwas besonderes; das hatte Fripp richtig erspürt und ihre skurrilen Texte windschief arrangiert, den gesanglichen Schmutz drin gelassen und sparsam dazu Gitarre gespielt, was Fripp gern „audio verité" nannte, man aber auch als laissez-faire bezeichnen könnte. So wurden *The Roches* die moderne Alternative zu den drögen Schwestern *McGarrigle*, deren kanadischer Katholen-Folk die Herzen der Mittsiebziger-Althippies erwärmte und die deshalb noch heute in jeder Bestenliste auftauchen, gähn. Zwei Platten lang schwang der König mit dem hochroten Kopf seine Gitarre über den Häuptern der drei bezaubernden Grazien, deren Girren, Gurren und Gröhlen die Kritiker auf der ganzen Welt verrückt machte, aber nie den Weg neben

64

THE ROCHES
‚Nurds' (1980)

die Kaufhauskasse oder ins Frühstücksradio fand. 1980 mußte Fripp abdanken, und *The Roches* nahmen noch ein letztes Mal all ihren Mut zusammen und packten, was sie von Fripp gelernt hatten, auf eine Platte, von der ich heute noch jeden schrägen Chorus mitsingen kann: **‚Nurds'**.

Auf dem Cover recken die drei Schwestern ihre Allerrundesten kess in Richtung Kamera, sehr sexy, dazu wird hinauf und hinunter tirilliert, daß es eine Freude ist, den Songs über das Schicksal Lou Reeds, das wohlfeile Leben der Boat People oder einer Cole-Porter-Schmonzette zu lauschen. ‚Nurds' ist ideal als Vorbereitung auf einen handfesten Tratsch-Abend. Oder falls jemand von der Callas schwärmt. Oder wenn einer in den Gesangsverein latscht, wegen der Geselligkeit: „You have serious taste. You make me sob."

„Brand New You're Retro"

Abteilung 17, in der England endlich wieder einmal so richtig ins Zappeln gerät und danach alles schöner und bunter und bekiffter ist

Britpop, ich weiß. Kommt hier eigentlich nicht vor. Inselmenschen, die Gitarren halten und zwei *Small-Faces*-Melodien nachpfeifen können. Nicht wirklich. Nicht in diesem Buch. Es haben ja nicht einmal *The Fall* oder John Lennon oder die *Kinks* oder *Wire* einen Eintrag geschafft – und die waren GROSS. Die *Smiths* oder *Blur* oder *Verve* kämen vielleicht in meiner Single-Hitparade vor, aber nur unter den besten Tausend, wenn überhaupt. „Britpop – more like Shitpop!" ließ Alan McGee 1996 in einer Anzeige verlautbaren, und der ist immerhin Label-Boss von Creation und damit Arbeitgeber von all diesen tollen *Oasis*-Buben und muß wissen, worauf er schimpft. Nein, seit 1982 hat die Insel keine großartige Gitarrenband mehr hervorgebracht: eine Million Versuche, kein Treffer. Die Verkaufszahlen sprechen Bände. Acid irgendwer?

Höre ich Acid? Acieeed? Frohen Montag wünsche ich auch. Und während die Rastas in Brixton grantelten, daß sie in Babylon nicht den selben feinen Sound hinbekämen wie in Kingston Town und Techno immer härter und finsterer und fieser wurde und HipHop aus England eher eine Lachnummer abgab, da zog der Zauberer von Pop das Jungle-Karnickel aus dem Hut, sagen wir: 1993. Und der neue ,Sound of the Underground' mit seinen zersplitterten Beats und sich überschlagenden Rhythmen, mit den phetten Bässen und den weit-breit-seichten Klangflächen zog die Tänzer magisch an, weiß, schwarz, gut gekleidet, Party People, nur um sofort wieder zu mutieren, zu Drum'n'Bass zu werden, die logische Verknüpfung von schnellen Rechnern und gutaussehenden Tänzern.

Tagaus, tagein nudelten Londons Piratenradiostationen Drum 'n'Bass, und in seiner kleinen Wohnung war der Gitarrist **Derek Bailey** schon ganz entnervt: Nichts anders mehr kam aus seinem Transistorradio; alles wurde von dem Geschepper übertönt, das ewig Anlauf nimmt, loshetzt, stolpert, sich überschlägt und mit Lichtgeschwindigkeit durch den Äther purzelt, immer Richtung Derek Bailey, immer heraus aus den Lautsprechern – wie nebenbei nahm der Erfinder der englischen Schab-und-Kratzschule seine im-

Acid: Auf Ibiza entdeckten britische Touristen um 1987 die beglückende Wirkung der bisher auf Psychotherapeuten-Zirkel beschränkten Designer-Droge MDMA und wollten die unter freiem Himmel erlebten Highs aus Drogenrausch und frenetischem Tanz ins kalte London mitnehmen. Sie etablierten die untrennbar mit MDMA alias Ecstasy alias E verbundenen Clubs namens Shoom, Future und Spectrum, in denen House, balearische Hits und britischer Independent Sound solange aufeinander knallten, bis sich Gruppen wie *Shamen, M/A/R/R/S* oder *Bomb the Bass* der kunterbunten Acid-Welt aus Smiley-Stickern und gebatikten T-Shirts verschrieben und England eine nie gekannte, harmonische Spaßkultur bescherten. Der 1988er ‚Second Summer of Love' überschwemmte die Insel mit einer Flut von neuen Club-Nights, Freiluft-Raves und Partys, die nach den restriktiven Ausschank- und Sperrzeitbestimmungen Großbritanniens illegal waren und nach E-Skandalen zu panischen Reaktionen von Boulevardpresse und Regierung führten. Doch die MDMA-gepowerte Subkultur ließ sich auch durch wüstes Räuber-und-Gendarm-Spiel nicht eindämmen, und trotz der paranoiden Atmosphäre um 1990 entwickelte sich eine offene, kleinkapitalistisch-anarchistische Club-Szene, die aus London wieder eine swingende Musik- und Mode-Metropole machte. Zweites Zentrum der Rave-Nation war zeitweilig Manchester, das durch den Erfolg der *Happy Mondays* und *Stone Roses* den Beinamen „Madchester" bekam, durch Gewaltkriminalität und das Überhandnehmen von Heroin und Kokain aber schnell an Relevanz verlor. Bevorzugtes Format: alles mit einem Smiley-Sticker drauf.

provisationsgestählte Gitarre zur Hand und klinkte sich ein, nudelte, dudelte, sprudelte mit, kombinierte die verbotene Gitarre mit den superkorrekten Beats, wurde richtig funky dadurch – und ehe er wußte, was los war, stand er in New York mit einem DJ auf der Bühne und improvisierte, ging er mit Bändern des DJs Ninj ins Studio und nahm die verwegene Kombination von Improvisationsmu-

65
DEREK BAILEY
‚Guitar, Drums'n'Bass' (1996)

sik (vulgo: Free Jazz) und Drum'n'Bass auf, die als ‚**Guitar, Drums'n'Bass**' erschien und ein ganzes Heer von Jazzmusikern zu der Überzeugung brachte, daß es besser ist, zweitklassigen Drum'n'Bass zu machen als drittklassig auf dem Saxophon rumzuröhren: Aber selbst Aspirin hat Nebenwirkungen. Ich genieße es, wie der Purist sich an den eklektischen Rhythmuskaskaden abarbeitet, wie er stürmt und drängt und hitzig wird im Fieber der Beats, wie er zürnt und grollt und stänkert: alter Gitarren-Zeus.

Drum'n'Bass: Am Anfang war Darkness – der düstere, depressive Nachfolger der kindischen und hyperaktiven Hardcore-Techno-Welle, die zu Beginn der neunziger Jahre mit Micky-Mouse-Stimmeffekten und Beats jenseits der Zählbarkeit Techno in Großbritannien fast gekillt hätte. Darkness aber gab der Szene den Underground zurück, führte Dub-Wissenschaftler, frustrierte HipHop-Eleven, Ragga-Vokalisten und Raver zusammen, und mit digitalen Mitteln wurden Drumpatterns aufgebrochen, verwegen zusammengepuzzelt, in subsonische Baß-Abgründe geschubst oder so lange gedehnt, bis ein kybernetisch-metallener Eigenklang zum Markenzeichen für etwas wurde, das allwöchentlich einen neuen Namen trägt, aber meist als Jungle oder Drum'n'Bass firmiert. Die Religionsstifter waren Goldie und seine *Metalheadz*-Posse, LTJ Bukem mit einer Mischung aus Ambient und Drum'n'Bass, SHY FX oder auch Grooverider, die durch ihre Radikalität und Innovationsfähigkeit London wieder zur Kreativ-Metropole werden ließen. Die Aufgeregtheit um Roni Sizes preisgekröntes ‚Reprazent'-Album und die nur noch als tragikomisch zu bezeichnende Doppel-CD ‚Saturnzreturn' von Goldie scheinen 1998 doch noch zu einem Drum'n'Bass-Overkill geführt zu haben. London sagt: „Ich habe fertig!"

Bevorzugtes Format: Dub Plates, speziell angefertigte Unikate von neuen Stücken oder Remixes, die allerdings nach mehrmaligem Abspielen kaputtgehen und die Exklusivität eines DJs oder Clubs besonders unterstreichen.

Ich bin gern Schweizer. Nirgends dazugehören und das schon seit ewig und drei Tagen, nicht zur NATO, nicht zur EU, nicht zum Warschauer Pakt, falls den noch jemand kennt. Gerade mal, daß man auf dem europäischen Kontinent festsitzt und sich selber nicht mag, weil man gleichzeitig deutscher Oberspießer, französischer Möchtegern-Lebemann, bedrohte Minderheit und ein fauler Italiener ist. Schweizer heißt bei mir allerdings nicht, daß ich dort geboren wäre, no way, sondern ist auf die Musik bezogen. Nie einer Szene angehört haben. Nie einem Stil angehangen wie die Mun Sekte. Nie mit Mohawk oder Skin-Glatze oder Stüssy-Kapperl oder Plateau-Schuhen herumgelaufen. Nie alles wissen wollen und nie alles gewußt haben. Sondern so mehr ins Blaue reinschießen und schauen, wie die Nicht-Schweizer dann hüpfen und springen: touché. Nie alle Mitglieder von *Grateful Dead* auswendig aufsagen können, nie jedes Wochenende nach London geflogen, um zwei

House: 1977 eröffnete in Chicago eine schwarze Schwulen-Disco namens Warehouse mit ihrem DJ Frankie Knuckles, der Disco-Klassiker mit Eurotrash aus München und Italien mixte. Speziell diese billig klingenden, rein elektronisch hergestellten Sounds inspirierten die Warehouse-Klientel in den frühen 80ern zu Eigenproduktionen, die meist instrumental, baßlastig und sehr minimalistisch waren: sogenannte Jack Tracks. Diese House-Musik fand schnell Freunde in New York und strahlte von dort via *Pet Shop Boys* oder *Soft Cell* nach Europa aus. Doch erst der Einsatz des heute legendären Rhythmusgerätes Roland TB303 ermöglichte House die elektronisch-ekstatischen Sounds, die schnell zu Acid mutierten. Wie bei allen Tanzmusikstilen der letzten zehn Jahre herrscht auch bei House eine unendliche und selbst von Insidern kaum zu überblickende Diversifikation.
Bevorzugtes Format: Weißpressung einer 12"-Maxisingle zu Werbe- oder Promotionzwecken.

Tage lang die Secondhand-Läden nach superneuen Singles durchzuforsten, die die Kollegen vom Melody Maker da angeblich kistenweise hinschleppen, nie und nimmer jeden Freitag, Samstag, Sonntag im Ultraschall abgewartet, bis man nach Hause gehen darf. Immer freundlich gegrüßt, interessiert zugehört, geschrieben, geliebt, gesendet – aber immer nur für mich, nie für die Gemeinde, der man zeigen muß, was für ein fescher Kaplan man sein kann. Darum kann ich jetzt auch Techno hören oder Speed Garage, obwohl mir da dieses Gesinge eher nicht gefällt, oder Drum'n'Bass zwei Jahre zu spät entdecken oder House einfach nicht mögen, ohne mir blöd vorzukommen, in meinem Alter, als Nicht-Althippie, als Nicht-Punk, als Nicht-Hedonist, als Nicht-Rasta, als Schweizer. Ich kann mir einfach und eher zufällig eine Dreifach-LP von **Luke Slater** mit nach Hause nehmen und feststellen, daß die wohl das Tollste ist, was mir bei meinen Stippvisiten im Lande Techno bisher untergekommen ist: Wo so viel Schönes ist, da wollen wir Schweizer natürlich auch hin. Wie dieser Slater mit der Tür gleich ins Haus fällt und sofort das Zeichen gibt, daß man besser zwei Schritt zurücktreten sollte, damit einen die Splitter nicht zerfetzen, danke.

66

LUKE SLATER
,Freek Funk' (1997)

Der macht mit den Rhythmen, was er will und schert sich einen Dreck ums Reinheitsgebot, ,**Freek Funk'** soll das sein, aha. Also die Musik ganz, ganz laut gestellt und dann ins Zimmer nebenan – da klingt es gleich noch toller, dieses Scheppern, dieses überdrehte Ballern, dieses entfesselte Ding, das wohl Techno ist, weil Slater unter werweißwievielen Decknamen da schon dieses und jenes und auch ganz anderes abgesondert haben soll. Und als Schweizer darf ich mich einfach hinsetzen und mich wundern, wie die Klänge da rein kommen, wo Luke Slater sie rauskommen läßt. Und wie läßt er sie rauskommen? Welche Eleganz begleitet sein Tun? Bei Jimi Hendrix ist es offensichtlich: Die Schönheit seines Gitarrenspiels harmoniert mit der Schönheit seiner Bewegungen. Und auch bei Elvis sieht man diese Kongruenz, wenn man es schafft, Elvis immer wieder neu zu sehen und nicht nur als Rock'n'Roll-Wackelarsch oder Fettsack oder Legende. Aber bei Luke Slater? Es reicht, daß man sich wundert. Ich muß mich nicht mit Wissen volldröhnen, mich mit der Verfeinerung der Verfeinerung beschäftigen, das ganze leidige Klassizismus-Ding nachvollziehen, um diese LP in einer perfekten Plattensammlung, in einem tragbaren Museum der Popmusik sehen zu wollen. Ich muß nur die Löcher in den Käse staunen – die vornehmste Aufgabe eines jeden Schweizers.

Wieso heißt ausgerechnet jene Musik Weltmusik, die auf der ganzen Welt immer nur ein paar Heinzen interessiert? Dabei gibt es auf diesem Planeten genau zwei Weltmusiken, nämlich Pop – und Klassik, dieses untote Gedaddel aus dem 18. und 19. Jahrhundert. Indische Sitar-Artisten, bekiffte Trommler aus dem marokkanischen Bergland oder Virtuosen auf der japanischen Koto-Zither machen entweder eine zu komplexe oder eine zu regionalspezifische Musik, um außerhalb des eigenen, meist eng definierten Kulturkontexts von uns Kulturimperialisten überhaupt wahrgenommen werden zu müssen: Selig die Spezialisten; alle anderen hören Michael Jackson, weil der eine planetarische Cola-Sprache spricht, die so klar und wahr funktioniert wie Pampers oder ein Transistorradio, d. h. durch ihre axiomatische Richtigkeit sofort und ohne Gebrauchsanweisung oder ideologische Verrenkung in das alltägliche Leben selbst des letzten Südseeinsulaners zu integrieren ist. Von ganz besonders debiler Häßlichkeit sind dagegen Versuche, Popmusik mit indigenen Formen der Musik zu kreuzen: Das beginnt bei den *Zillertaler Schürzenjägern* und hört bei indonesischer Dangdut-Musik auf, in der fundamentalistische Texte zu Hardrock-Gedöns die jungen Muslimen-Prolos auf die anderen Ethnien des Landes hetzen.

Reggae: Das 1962 in die Unabhängigkeit entlassene Jamaica kannte keine eigene Musikproduktion; im Radio lief englische Schlagermusik. Verständlich, daß sich Jamaikas Jugend auf die Wellen der R&B-Sender eingroovten, die aus New Orleans herüberstrahlten oder zu den Sound Systems pilgerten, mobilen Diskotheken, die mit Schallplatten bestückt waren, die von Gastarbeitern aus den USA mitgebracht wurden. 1959 kombinierte der Rasta Count Ossie erstmals die rituelle Trommelmusik seiner afrikazentrierten Sekte mit den R&B-Hits der Disko-Lastwägen und gab damit den Anstoß zu einer eigenen, extrem tanzbaren R&B-Variante, die im Lauf der sechziger Jahre als Bluebeat, Ska oder Rocksteady populär wurde und eigene Studios in Kingston ermöglichte. Chris Blackwell, Chef von Island Records, erwarb damals die Lizenzrechte für Großbritannien und konnte dort kleinere Hits verbuchen, die sich zum Reggae-Boom der siebziger Jahre auswuchsen, als hippe Jamaikaner wie Jimmy Cliff oder Bob Marley das Songwriting an modernen Vorbildern wie James Brown oder Sly Stone ausrichteten, die Texte revolutionär oder religiös aufluden, den Rhythmus marihuana-kompatibel herunterfuhren und den Typus des selbstbewußten schwarzen Outlaws etablierten. Im Windschatten der *Wailers* und durch den wachsende karibischen Bevölkerungsanteil Englands entwickelte sich dort eine eigenständige Reggae-Szene, die sich vom jamaikanischen Vorbild emanzipierte und großen Einfluß nahm auf New Wave, Ska-Revival, Jungle, Drum'n'Bass und Dub Poetry.
Bevorzugtes Format: eine vom Sound System restlos ausgeleierte Dub Plate aus Jamaica zum An-die-Wand-Nageln.

Die einzige weltweit relevante Regionalvariante von Popmusik war in den siebziger und achtziger Jahren Reggae, dessen ganja-umwölkte Karibik-Slowness gleichermaßen *Boney M* an die ‚Rivers of Babylon' trieb wie *The Slits* zu tribalistischen Echokammer-Feminismus für den Underground befähigte, während Eric Clapton ewig und drei Tage lang den Sheriff erschoß. Im Vergleich zu den stolzen Dreadlocks galten Britanniens indische und bengalische Zuwanderer als komplette Pop-Versager, als Weicheier, die sich von Skinheads verhauen ließen und den ganzen Sonntagnachmittag in ellenlangen indischen Schnulzenfilmen hockten. Stimmt zwar nicht ganz: Bereits Ende der achtziger Jahre entwickelte sich eine wilde bengalische Crossover-Diskotheken-Kultur, deren Bhangra-Sound mildes „weltmusikalisches" Interesse bei Besuchern von Sanyassin-Diskotheken hervorrief; sie blieb aber auf die gerüchteweise ziemlich ekstatische Londoner Bengali-Szene beschränkt.

Erst die Tanzwut der ausgehenden neunziger Jahre und die entspannte, freundliche E-thmosphäre Londons förderten eine selbstbewußtere Bengali-Musik zu Tage, die sich mal fundamental-oppositionell geriert wie bei *Asian Dub Foundation*, lockere Sommerhits ausspuckt wie *Cornershop* oder eben die äußerste Krone der Trendwellen reitet wie Talvin Singhs Anokha-Abende in den angesagtesten Clubs der Stadt, vor denen wir Touristen stundenlang warten müssen, in der Plastiktüte ‚Anokha – Soundz of the Asian Underground'.

67

VARIOUS ARTISTS
‚Anokha – Soundz of the
Asian Underground' (1997)

Dort hören wir ambiente Klänge und Drum 'n'Bass, Melodielinien, die an indische Historienschinken erinnern, Samples von Flughafendurchsagen und Handy-Gepiepse, dazu digital und manuell getunte Tabla-Sounds, curryflavoured rhythms, oder wie Talvin Singh es nennt: „Asiatischer Soul des 21. Jahrhunderts, soll heißen: die Stimme eines 14jährigen Mädchens im Radio, die eine R&B-Nummer auf Hindi singt und dabei asiatisch intoniert und deren Haltung asiatisch ist; britisch-asiatischer Underground auf dem Weg an die Oberfläche."

Wenn wir den Club wieder verlassen und wieder zu Hause sind mit unserer ‚Anokha'-Compilation, wird sich erst einmal Ernüchterung einstellen. Gerade bei dieser Musik macht es einen essentiellen Unterschied, ob einem die Bässe mit mehreren tausend Watt in jede Körperhöhlung gepreßt werden und die dichtgedrängten Körper einen mitnehmen, weiterwälzen, hin- und herreiben zwischen westlichem Pop und östlichem Soundhybrid – oder ob man bei Zimmerlautstärke den Abwasch macht. Die an- und abschwellenden Patterns, die klöppelnden Handtrommeln, die sich verschluckenden Sounds müssen erst noch ihren Platz finden im hiesigen Leben, sind hier noch viel fremder als in Großbritannien. Aber warum höre ich sie dann andauernd, im Auto, beim Aufräumen, beim Zeitunglesen? Vielleicht ist es wie mit dem Geruch eines Gewürzsträußchens, das man widerwillig als Geschenk angenommen hat? Oder es verhält sich wie mit Rauch aus der Pfeife eines Gastes – der süßliche Duft hängt sich ein, wird schließlich nur noch wahrgenommen, wenn er fehlt. Also soll die ‚Anokha'-Compilation der ungeklärte Fall in unserer Sammlung sein, das Versprechen eines Landes, in dem die Völker und Rassen langsam, aber sicher entspannt zusammenleben können – während bei uns Parteien immer noch damit werben können, sie seien „inländerfreundlich".

„Yankee goes home"

Abteilung 18, in der aus internationalistischen Gründen ein deutscher Son-
derweg bejaht wird

Kraftwerk sind für die neunziger Jahre, was *The Velvet Underground* für die achtziger waren: Referenzpunkt, Blaupause. Schon
der Name der Gruppe und ihre LP- und Songtitel signalisieren Modernität: ‚Computerliebe', ‚Autobahn' und ganz besonders ‚Techno
Pop'. Aber hat man sich auf dieses Spiel mit dem Überbau erst einmal eingelassen, hat man schon verloren. *Kraftwerk* sind das genaue
Gegenteil von dem, was ihre computergestützte Modernität signalisieren will. Neben Africa Bambaataa und Kevin Saunderson haben
sie auch Guildo Horn zu verantworten, geht eine gerade Linie von
den schmusigen Elektronik-Anfängen zum Münchener Union
Move 1998, wo Schlagerplatten den größten Applaus einbrachten.
Das Geheimnis – im Guten wie im Schlechten – liegt in der Naivität
der *Kraftwerk*-Musikanten, die trotz des ganzen Science-fiction-
Klimbims, den sie zur Mythologisierung ihrer Musik verwendeten,
nicht in der Lage waren, einen klitzekleinen Blick in die Zukunft zu
werfen, sondern immer nur die eigene Gegenwart für Ziel und End-
punkt der Entwicklung hielten. Besonders deutlich macht das

68

KRAFTWERK
‚Computerwelt' (1981)

‚**Computerwelt**', auf der Computer mit verzerrten
Telefonstimmen knarzen, in den Texten zum Zeitver-
treib die „Zukunft programmiert" wird und jemand
den Bildschirmtext aufruft: Oooops, wrong planet!
Illustriert wird dieses un-digitale Raunen durch einen rührenden
Computer-Ausdruck, der damals der Original-LP beilag: Da wurden von der Plattenfirma EMI stolz die Gesichter der vier Musiker
mittels Sonderzeichen auf gestreiftes Endlospapier gedruckt, Com-
puter-Chic im Aufbruch – kaum zwanzig Jahre später fremd und
archaisch wie der Gebrauch eines Faustkeils. Dennoch lassen wir
Kraftwerk auch in unserer nach Perfektion strebenden Plattensammlung bleepen und fiepen und ziepen – aber nicht als Signum
der Moderne, sondern als unsere besondere Schlagerplatte, die wir
auflegen, wenn uns ein nicht ganz lieber Gast ständig von lustigen
Partys erzählt, auf denen ‚Marmor, Stein und Eisen bricht' läuft und
VIVA-Moderator Stefan Raab als cool durchgeht.

Gleiche Zeit, derselbe Ort: Düsseldorf um 1980. Es gedeiht dort tatsächlich Moderne, allerdings von Amateuren generiert, von skurrilen Liebhabern diverser Küchengeräte, ältlich-adenauerischer Kinderlieder und eines Korg MS 20. Und was damals weit mehr nach Schlager klang als *Kraftwerk*, macht zwanzig Jahre später im Spannungsfeld von Easy Listening und Elektronika avantgardistischen Sinn. Moritz R, Frank Fenstermacher und Kurt Dahlke hatten einen ‚Weltaufstandsplan‘: Dilettantismus und ungewöhnliche Instrumentierung sollten jegliche Verwendung von Rock’n’Roll-Klischees unmöglich machen, ein Do-it-yourself-Ansatz und eine bonbonbunte Ästhetik gleichzeitig Intellektualismus und Punk-Stereotypen verhindern. Kein Wunder also, daß die Stücke nebeneinander ‚Robot-Bolero‘ und ‚Kleine Schlager-Revue‘ heißen konnten und in den Texten Generälen eine Vorliebe für Erdbeereis oder Clowns eine hinterlistige Ader unterstellt werden konnte.

Musikalisch lehnte **Der Plan** seine Pappmaché-Popmusik ein wenig an die Musik der amerikanischen *Residents*-Cousins an, aber kaum waren ‚**Geri Reig**‘ und ‚**Normalette Surprise**‘ erschienen (heute glücklich vereint auf einer CD), hatte *Der Plan* selbst Vorbildfunktion für die Neue Deutsche

69
DER PLAN
‚Geri Reig/Normalette Surprise‘
(1980/81)

Welle und inspirierte durch sein Selbstvertrauen und die überzeugende Art, wie die Nicht-Musik funktionierte, einen spätdadaistischen Kreativitätsschub in deutschen Übungsräumen, der manchen Protagonisten in die Hitparaden, die meisten aber in die Creative-Abteilungen der Werbefirmen katapultierte: „Kri kri kra, das Insekt ist wieder da!“ Und selbst heute noch muß man mit einem Bandschnipsel des *Plans* fragen: „What’s that?“, wenn die immer noch die ganze Aufmerksamkeit einfordernde Widersprüchlichkeit von dunklem Todestann und SPDisneyland aus den Boxen blubbert. Ein Klassiker. Zwei Klassiker. Und es wundert mich nicht, daß mit Mike Ink der Adrian Leverkühn der Techno-Abstraktion schon damals seine Finger an Knöpfchen und Reglern hatte.

Einen dem *Plan* nicht ganz fremden, aber doch anderen, affirmativeren Platz in der Welt erspielte sich in München die Band **Freiwillige Selbstkontrolle**, die sich wie die *Fugs* oder *Throbbing Gristle* der Popmusik nur bedienen wollte, weil man ohne Popmusik den

Neue Deutsche Welle: Wenn die kleine Schweiz eine Swiss Wave hatte, England und Amerika eine New Wave, so brauchte auch die ab 1978 zunehmend populärer werdende Underground-Popmusik aus Deutschland einen Namen: Neue Deutsche Welle oder NDW. Die Musik klang rauh und ungelenk, entweder punk-nah oder nach Elektronik aus dem Kinderzimmer; die Texte waren gern deutsch oder in einem Pidgin-German gehalten. Die Zentren der NDW lagen im Düsseldorfer Raum, in Berlin und Hannover, obwohl bald jede größere Stadt von München (‚Reifenwechsel leicht gemacht‘) bis Hamburg (‚Dies ist Hamburg, nicht Boston‘) einen eigenen Sampler zu bieten hatte. Engagierte Journalisten wie Alfred Hilsberg (Chef des legendären ZickZack-Labels) und Diedrich Diederichsen halfen, die ‚Geräusche für die Achtziger‘ durchzusetzen. War anfangs das Do-it-yourself-Prinzip bei Aufnahme, Promotion, Vertrieb und öffentlichem Auftreten Pflicht und die radikale Zerstörung des etablierten Musikgeschäfts beschlossene Sache, so glaubten die meisten Bands ab 1982 den Lockungen der etablierten Firmen und gesellten sich zu deren NDW-Retorten-Acts, um noch ein paar Mark zu verdienen, bevor der Kapitalismus ratzeputz besiegt war. 1983 schlug der Begriff NDW wegen der Überkapazitäten zum Synonym für hirnlosen Schrott um, und die meisten Bands versanken, ob gut oder schlecht, wieder in der Versenkung; nur die anfangs alternativen Vertriebsstrukturen konnten sich als neuer Mittelstand im Musik-Business etablieren.
Bevorzugtes Format: nach regionalen Gesichtspunkten zusammengestellter und selbstvertriebener Sampler.

selbstgesteckten Kunst-Zielen nicht näher zu kommen meinte – bis man aus Versehen die Popmusik selbst veränderte. Als *FSK* 1981 rudimentäre *Velvet-Underground*-Verehrung und Jonathan-Richman-Modernismus mit Bundeswehr-Uniformen und Melodica-Melancholie paarte, ahnte keiner der Beteiligten, daß der Weg über karierte Holzfällerhemden und Country-Jodler zu transatlantischen Feedbackforschungen führen und schließlich bei einer Art gender-diskutierenden Chill-Out-Disco enden würde: Kleidung. Verkleidung.

Im Fall von *FSK* ist es nicht weiter schlimm, gegen das absolute Best-of-Verbot zu verstoßen, da ihre Achtziger-Jahre-Werkschau **‚F. S. K. bei Alfred‘** Zeit-, Sound- und Pop-Dokument ist, immer noch geeignet, jede NDW-Party zu sprengen. In gut vierzig Songs wird exemplarisch vorgeführt, wie wandlungsfähig der Mensch sein kann, wenn er sich nur selbst nicht untreu wird, wenn er auf Neugier, Eigensinn und ein bißchen Selbstvertrauen besteht. Außerdem besitzt die *FSK*-Musik einen eingebauten Trottel-Detektor: Wer *FSK* hört und dann Dinge äußert wie „Die können ja gar nicht spielen" oder „I woiß ned", ist die Dose Spaghetti-Soße nicht wert, die man für ihn aufgemacht hat.

70
FREIWILLIGE SELBSTKONTROLLE
‚F. S. K. bei Alfred' (1995)

In München läuft zum Beispiel ein Mensch herum, der schiebt einen ewigen Grant auf mich. Er ist wegen eines meiner Artikel über *FSK* dereinst hundert Kilometer zu einem Konzert gefahren und war entsetzt: „Oberschüler-Scheiße" sei das. Menschen, die ihre Instrumente nicht so richtig hypergut beherrschen. Und komische Texte. Das gehe doch gar nicht punkmäßig ab!

Inzwischen ist der enttäuschte Zeitgenosse Musikmanager und kurbelt die mittelmäßige Karriere einer Hardrock-Spaßpunk-Gruppe an, die Platten macht, die ‚Friß Scheiße!' heißen, und bei diesen Drei-Tage-Monster-Festivals am ersten Tag am frühen Nachmittag spielen muß. Vielleicht werden sie es sogar schaffen, einmal Platz 44 der offiziellen Verkaufscharts zu belegen. Viel Glück dabei: Aber die ‚Friß Scheiße!'-Band wird immer das langweilige Produkt eines faulen Verstandes bleiben, austauschbar, kurz bejubelt, schnell vergessen. *FSK* werden, wie die meisten Gruppen in diesem Buch, immer einen Platz im Herzen ihrer Fans und Freunde haben, weil sie deren Leben reicher und schöner gemacht haben. Und wer den Unterschied zwischen *FSK* und der ‚Friß Scheiße!'-Band erst im Altersheim kapiert, hat sein Leben – verschissen. Funky left-wing Western Civilisation.

Irgendwie waren Robert Görl und Gabi Delgado Verräter. Nicht gleich zu Beginn der neuen Deutschen Welle. Da gehörten sie noch zu den guten Punks aus dem Ratinger Hof; dann waren sie mutige Emigranten in London, die Platten für Mute Records machten, ‚Die Kleinen und die Bösen' etwa, Post-Punk, Geräusche für die Zukunft. Und dann tauschten sie das Tiptop-Image des armen Künstlers gegen ein hyperslickes Styling als Bodybuilder mit Designer-Schweiß und einen Vertrag mit dem größenwahnsinnigen Virgin-Label, das die **Deutsch-Amerikanische Freundschaft** stracks in die Hitparaden führen konnte und auf die bunt-dummen Seiten der Boulevardzeitungen und in die schlau-dummen Diskutierseiten der

Linkspresse: „Tanz den Mussolini; tanz den Adolf Hitler. Bewege deinen Hintern..."

Die NDW kam so zu ihren ersten Stars und Haßobjekten, die Welt zu drei grandiosen LPs mit fetten Rhythmen, kurzen Slogans, atemlos gebellter Geilheit – an manchen Tagen sage ich auch: „Klingt wie Peter Maffay mit Verstopfung..." – vitalistischer Minimalismus, die Zukunft also, Techno, Big Beats, alles das 15 Jahre zu früh: ein Wetterleuchten. Und heute, da der Horizont brennt, bieten ,**Alles ist gut**' und seine beiden Nachfolger ein kühles Reservat der Einfachheit, der Augenfälligkeit, der Reduziertheit, der großen Pop-Art. So modern konnte Musik sein, die in die Hitparaden kam, unfaßbar. Relativiert 90 % des mir bekannten Techno-Outputs. Verstellte später den Blick auf Gabi Delgados postmoderne Solo-Platte. Verstellt heute den Blick auf Robert Görls Aktivitäten. So breit war die Musik.

71

DEUTSCH-AMERIKANISCHE
FREUNDSCHAFT
,Alles ist gut' (1981)

Und klickt man mit der Mouse die breiten Muskeln der DAF-Protagonisten an, fliegen einem die Pixel um die Augen und geben den Blick frei auf einen jungen Arnold Schwarzenegger, der sich in Unterhosen auf einem Bett räkelt; passend dazu hören wir einen Ulmer DJ, dessen breiter süddeutscher Akzent nicht einmal mit digitaler Sonderbehandlung wegzurechnen ist, wenn er kraftwerkelnd verkündet: „Wir sind die Gigolos..." Das Schwarzenegger-Artwork, das kühn gefärbte Hochdeutsch eines Bayern oder Schwaben gehören zu der Compilation ,**International DeeJay Gigolos**', die der Münchner DJ Hell für sein Gigolo-Label kompilierte und über – da schau her – Disko-B abwickelt, jenes Label also, auf dem just auch Robert Görl seine knallbunten Hämmer-Beats abliefern darf. Doch abseits aller NDW-Referenzen – ein Stück von DJ Naughty heißt ,Boing Bum Tschag' – können wir uns die ,International DeeJay Gigolos' als Techno-Eintänzer ins Haus holen, die sich zu geleckten Rhythmus-Abstraktionen die schnarrende Brillantine hinters Ohr schmieren und so forsch und offensiv den Hörer anmachen, daß man sein Studierstübchen fast für einen metropolitanen Club halten könnte, in dem Disco mit Jungle und Techno kollidiert.

72

VARIOUS ARTISTS
,International DeeJay Gigolos'
(1997)

Disco: Gezeugt zu den süßlichen Funktionsekstasen von Philly-Sound und *Salsoul Orchestra*, ausgetragen in den Studio-Puffs zwischen München und Miami, geboren und aufgewachsen in den schwarzen Schwulen-Discos von New York und Chicago, fuhr Disco 1977 in den Körper des Schauspielers John Travolta und in die Stimmbänder der *Bee Gees*, um das Musik-Business in einen veitstanzähnlichen Anfall zu zwingen, der um ein Schamhaar die ganze Branche in einen Abgrund von Drogen und Fehlspekulationen gerissen hätte. Aber nachdem von *Rolling Stones* bis New Yorker Hipster-Label ZE jedermann die Disco-Nase voll hatte von der kompromißlos geschäftstüchtigen und hemmungslos funktionalen Sound-Blasphemie, konnte sich Disco in den achtziger Jahren als High-NRG, Latin HipHop oder Garage regenerieren, um Mitte der neunziger Jahre als eiskalter Retro-Killer via Frankreich (*Motorbass, Daft Punk*) und Deutschland (*Whirlpool Productions, Merricks*) endlich vom Fegefeuer der Dorf-Diskotheken in den Himmel der Pop-Propheten versetzt zu werden. Amen.
Bevorzugtes Format: die Maxi-Single.

Viele Journalisten halten Techno mittlerweile für ebenso überholt wie Rockmusik, weil auf 3sat bereits Dokumentationen über Techno in der Schweiz laufen. Doch gewinnt Techno eher eine universellere Bedeutung, wenn es neben seiner vitalistischen Funktion auch noch jene Teile im Gehirn anzusprechen vermag, die dem Denken und nicht dem Trinken, Fressen und Kopulieren vorbehalten sind.

Die DeeJay-Gigolos jedenfalls versöhnen durch ihre Mixtur aus Abstraktion und Luna-Park Intellekt und Wackelarsch aufs feinste, vereinen dazu Old-School-Größen und lokale Newcomer, Amis und Krauts, brechen Spielregeln und Tabus der Szene: „Explain your strange customs!" – eine mehr als nur gelungene Zusammenstellung und damit eine Rarität, weil im unüberschaubaren Angebot an Label-Samplern, Best-of-Doppel-CDs und anthologischen Compilations einzelne gelungene Tracks neben absolut mediokrem Zeug plaziert sind, das die oft genug ahistorischen Compilation-Macher ihrem Publikum zumuten, weil sie es nicht besser wissen und können. Als DeeJay-Gigolo wird der Techno-DJ also überleben...

Vielleicht mußte Deutschland erst durch seine Technophilie Aufsehen erregen, vielleicht war es die verzweifelte Suche der britischen

> **Krautrock:** Rockmusik, gemacht von Krauts, von den Söhnen und Töchtern der London-Blitzer und Coventry-Bombardierer, gemacht von den Deppen aus englischen Sitcoms und *Monty Python*-Sketchen, Musik gemacht von *Amon Düül II, Faust, Can* oder *Guru Guru* – lange vergessen. NOT! Kaum schrieb sich der britische Pop-Wirrkopf Julian Cope 1995 seine Vorliebe für deutsche Waschmaschinen-Rhythmen und elektronische Klangflächen vom Leib, war es plötzlich der Gipfel der Hipness, die Gitarren in die Ecke zu stellen, das Polit-Geschrammel der Hamburger Schule sein zu lassen und Elektronika abzusondern, die bittersüße Titel mit textlosem Impressionsgedaddel versorgen. Oder weniger böse: Gern wechselnde Musiker-Projekte kombinieren seit geraumer Zeit das Erbe von *Neu!* und *La Düsseldorf* mit amerikanischen Post-Rock-Errungenschaften und mit einer zeitgemäßen Form von kommerzieller Gewitztheit, die ohne eine links-utopistische Komponente auszukommen meint. Gruppen wie *Kreidler, Mouse on Mars* oder *To Rococo Rot* feiern internationale Erfolge, das deutsche House-Label Ladomat geriert eine spezifisch deutsche Funkyness, und jeder remixt jeden.
> Bevorzugtes Format: 12"-Single ohne Angabe der Abspielgeschwindigkeit.

Hipster nach neuen rhythmischen Stimuli, die Mitte der neunziger Jahre ein ebenso plötzliches wie unerwartetes Interesse an Krautrock in all seinen Ausprägungen aufflackern ließ: Jedenfalls schien eine ganze Riege deutscher Gruppen nur darauf gewartet zu haben, die losen Enden der deutschen Elektronik-Pop-Vergangenheit aufzunehmen und mit den Trends der Neunziger tanzdielenkompatibel zu verknüpfen. Leicht wäre es inzwischen, ein Buch mit 101 Besprechungen hiesiger Elektronika-CDs zu füllen, aber da für diese strengste aller Sammlungen nur das Allerbeste gut genug ist, zaubere ich ‚**The Goings of an Offer**‘ aus dem Hut,

73

SUBTLE TEASE
‚The Goings of an Offer‘ (1997)

das Resultat einer Zusammenarbeit zwischen Kai Althoff und Justus Köhnke, der mit *Whirlpool Productions* ein zweites, ebenso aufregendes wie kommerziell erfolgreiches Projekt am Laufen hat und trotzdem Zeit findet, in einer orange ausgekleideten Bar zu Köln seltsame Hammond-Platten aufzulegen. Das Duo nennt sich **Subtle Tease** und vereint Verspieltheit mit Ernsthaftigkeit, Elektronik mit instrumentalem Handwerk, Kiffen mit Psychedelik oder – wie das Cover andeutet – Pseudo-Sci-fi mit Buntstift-Akkuratesse. Die Rhythmen humpeln wie ein einbeiniger Seemann über Deck;

Schlaginstrumente übernehmen melodische Funktion und laden unausgebildete Stimmen zu vertrackt anmutenden Arrangements. Dazu fiepst und piepst es aus den Bit-Abgründen der synthetischen Klangerzeuger, bis das Laufwerk raucht.

Nun könnte man das gelegentliche Chaos und das unersättliche Übereinanderschichten von Klängen und Bandspuren als orientierungslosen Quatsch abtun: Doch da schlägt der Programm gewordene Name der Band zu, und die Musik gerät zur subtilen Plage, zur unvergeßbaren Lektion in Sachen Pop: Die Killer-Kenner spielen alle Platten dieser Welt auf einmal ab.

„Too many midnights on the wrong side of life..."

Abteilung 19, in der mehr Streicher und Bläser streichen und blasen als im gesamten Rest dieses Buches und Champagner ausgeschenkt wird

Ich ging noch zur Schule und spielte Luftgitarre zu *Status Quo* und *Deep Purple*, als eines frühen Abends etwas Seltsames geschah: Im Bayerischen Fernsehen lief eine Ausgabe des WDR-‚Rockpalasts‘, selten genug, und der vorgestellte Musiker hieß **Tom Waits.** Kannte ich nicht. Der offensichtlich betrunkene Kerl mit dem idiotischen Ziegenbärtchen und einer Schiebermütze auf dem Kopf kauerte hinter einem Flügel und gurrte, grunzte, knarrte in einer unsäglich tiefen, geschundenen Stimme seine Barlieder in unsere Wohnstube, an unseren Abendessenstisch. Ich fand ihn eher Scheiße, doch meine Eltern fanden ihn so richtig SCHEISSE! Sie hatten *The Who*, *Iron Butterfly* oder *Jethro Tull* ertragen, mal ein bißchen Interesse geheuchelt, hie und da, oder milde gelächelt, aber nun waren sie drauf und dran, Amok zu laufen. Den konnten sie nicht ertragen. Dieses absolut undeutsche Beatnik-Verwahrlosungs-Jazz-Drogen-Geklimper führte direkt in die Hölle. Ich machte mir in Gedanken einen Vermerk, zweimal mental unterstrichen, und besorgte mir bei erster Gelegenheit die Platten von Tom Waits.

Nun gibt es einen Tom Waits I und einen Tom Waits II: Ersterer machte in den siebziger Jahren phantastische Bukowski-Platten, kalifornische Wrong-side-of-the-Tracks-Miniaturen, die den romantischen Trinker-Quatsch immer noch in den Dienst einer beseelten Beatitude stellten und die Nachtseite der menschlichen Seele wenigstens mit dem Glühen von Zigaretten und Joints ausleuchten wollten. Doch Waits II verschenkte die Chance, der Frank Sinatra meiner Generation zu werden, für ein angeberisches Avantgarde-Getue, das an den besten Stellen klang wie Beefheart für Arme, aber sich meist eben wie jene Zwetschgenköpfe anhörte, die er weltweit mit diesem Jim-Jarmusch-Robert-Wilson-Staatsschauspiel-Gewinsel infizierte, will sagen: wie die Parodie einer Parodie. Wenn eine Plattenfirma den Fehler macht, mir ihren jungen Künstler als „Tom-Waits-mäßig" anzudienen, dann wird die CD ungehört auf den Flohmarktstapel gelegt. Das, ganz nebenbei, als Warnung.

Und als Ansporn, die raspelnde Erlöserstimme des Tom Waits I zu entdecken, auf ,The Heart of Saturday Night' am besten, wenn sich nach zwanzig Minuten Erstaunen einstellt, daß sich da eine Gitarre in die solide, stilisierte Jazz-Umgebung verirrt, die den Spät-Beatnik-Texten des noch sehr jungen Mr. Waits einen vorher und nachher nicht erreichten Hauch von selbstbestimmter Klasse verleiht. Wie

74
TOM WAITS
,The Heart of Saturday Night' (1974)

der da seine Poetry-Kaskaden auf den Eiswürfelsound legt, wie sehr der da selber noch an die Verbesserung der Welt durch die Wahrheit glaubt und nicht an den ironischen Kunst-Krampf, dem er sich vor lauter Saufen und Zynismus wird hingeben müssen: Das ist unfaßbar reich und überlegen.

Ein Bruder in der Stimme, doch ansonsten völlig verschieden ist Mac Rebennack alias **Dr. John**. Als Teenager begleitete er bereits Fats Domino und all die anderen Legenden aus New Orleans bei ihren Studio-Dates, erlernte dabei alles, was ein Musiker, Hurenbock, Kleinkrimineller, Junkie und Teilzeit-Voodoo-Doktor wissen muß, schaffte es anschließend als einer der wenigen Musiker des Big Easy (wie wir Kinogänger sagen), die isolierte Szene der Stadt zu verlassen und sogar Hits zu landen: Für Beatnik-Gedanken war da keine Zeit. Heroin und falsche Karriere-Entscheidungen manövrierten Dr. John Mitte der siebziger Jahre ins Abseits; ein Angebot des ebenfalls kränkelnden Labels Horizon führte ihn wieder heraus. Und mit etablierten kalifornischen Studiomuckern wie Hugh McCracken und Steve Gadd spielte Dr. John das Album ,City Lights' ein, dessen Stücke er zuvor mit dem Grandseigneur der Songwriter-Gilde Doc Pomus komponiert und getextet hatte. Das Ergebnis war eine

75
DR. JOHN
,City Lights' (1978)

kommerziell erfolglose, aber zeitlos schöne LP, auf der das Voodoo-Raunzen des guten Doktors zugunsten superslicker Band-Arrangements und puffroter Streicher zurückgenommen und eine solch dekadente Fin-de-Siècle-Hollywoodiade aufgeführt wurde, wie sie nur ein ganz Großer wie Mac Rebennack erträglich gestalten kann. Für Stunden, die nach dicken Zigarren, einem Asbach Uralt und frischer Bettwäsche verlangen.

Wer einen CD-Wechsler sein eigen nennt, darf liegen bleiben, wenn ‚City Lights' ausklingt, denn als zweite CD mit Doc-Pomus-Liedern wartet bereits **‚The Real Me'** des Rhythm'n'Blues-Gentleman Johnny Adams, produziert von Dr. John

76

JOHNNY ADAMS
‚The Real Me' (1991)

und mit engagiert-relaxten Musikern aus New Orleans eingespielt. Hier geht es erdiger zu, wird der Schampus nur in Plastikbechern ausgeschenkt, aber Schuhe, Krawatte und Anzug sind vom Halbwelt-Feinsten. Man döst zu den mild-verzweifelten Geschichten vom Jäger der Nacht, vom Verflossenen, Verlorenen, von starken Frauen und von Männern, die vielleicht und unter Umständen sogar mal miteinander über irgendwas reden würden. Oder auch nicht.

Doc Pomus, Dr. John, Johnny Adams: Alle drei kommen aus einer Welt vor Pop und machen in der Popwelt einfach weiter ihren Stiefel – weil er zufällig Pop ist. Daraus resultiert eine zeitunabhängige Coolness, die nicht zu unterschätzen ist. Wenn man dagegen zu 100 % Pop war, jung und dumm und schön und scharf, dann mußte natürlich alles viel schneller gehen und ganz anders und peng! **Tim Buckley** fing in der obligatorischen Highschool-Band an, gefiel den Mädchen, gefiel den Managern, hatte eine 12-saitige Gitarre und eine Stimme von ziemlich tief unten bis wahnsinnig hoch rauf. Stimme plus Instrument plus Knuddeligkeit prädestinierte ihn zum Folkie, vielleicht sogar zum neuen Dylan oder zum kalifornischen Donovan. Auftritt Schnaps und Heroin und Langeweile und Underground. Der dumme Pöbel muß doch auch für Improvisationen über Skalen zu begeistern sein, für Konzerte, bei denen einer halbstundenlang den Trompetenpart singt, für Röcheln und Trillern und Falsett-Gequietsche? Wenn Tim Buckley high war, hörte sich das für ihn cool an: Stimme als Instrument, Freiheit, Kunst. Dr. John

77

TIM BUCKLEY
‚Happy Sad' (1969)

hätte da nur seinen Bart gekrault und sich den nächsten Schuß gesetzt – weil er ein Junkie war und nicht zwecks Inspiration. So ging alles schief, und Tim Buckley verreckte an einer versehentlichen Überdosis. Er hinterließ Kitsch, Kunsthandwerk und die großartigsten Kunstlieder, die einer aus dem Lande Pop je rausgetan hat, von John Cale mal abgesehen. Leider sind sie nicht auf einer Platte, ist ‚Song to the Siren' auf der hermetischen Drogenplatte ‚Starsailor', ist das unendlich zärtliche ‚I Had a Talk with my Woman‘ auf ‚Lorca‘, also sei **,Happy Sad‘** die Eintrittskarte in die Welt eines jungen Egomanen, der sein Leben in einer Orgie der Selbstzerstörung wegwarf und uns nur diese kalifornische Winterreise hinterlassen hat, schon nicht mehr Folk, noch nicht Größenwahn, sondern ein erstes, vorsichtiges Hineinleuchten in eine gefährliche, schließlich tödliche Zukunft.

„Sergeant Rock is going to help me..."

Abteilung 20, in der es ein paar britische Damen und Herren doch noch schaffen, Mitglied im Club der 101er zu werden.

Er ist wahrscheinlich der Größte in diesem Buch, über Einsneunzig, schätze ich. Getroffen habe ich ihn nur ein einziges Mal, Anfang der neunziger Jahre in einem Münchner Studio, als er die Musik einspielte zu ‚Dr. Huelsenbeck's mentale Heilmethode', einem Hörspiel von Regina Moths und Herbert Kapfer. „Hello, are you Urban?" fuhr er mich an, als ich durch die Türe kam. Er wartete ungeduldig auf einen Musiker dieses Namens. „No, I'm German." Er lachte kurz, brummte was von wegen endlich-einer-mit-Humor und verschwand. **Peter Blegvad** kennt sich mit Germans aus: Er musizierte Anfang der siebziger Jahre mit den inzwischen zu Kultstatus gelangten Krautrockern *Faust* und bildete mit Anthony Moore und der Sängerin Dagmar Krause das Trio *Slapp Happy*, ehe deren „Naive Rock" in den Avantgarde-Mühlen von *Henry Cow* zerrieben wurde. Dabei wäre Peter Blegvad ein hervorragender Amerikaner gewesen, kann er doch wunderschöne Songs schreiben, Gitarre spielen wie Zoot Horn Rollo oder T-Bone Burnette und den Wert zweckfreien Lärms weiß er auch zu schätzen. Oder auch nicht: Vielleicht versteht Peter Blegvad zuviel von Esoterik und Ezra Pound und von vorsokratischer Philosophie, um einen brauchbaren Ami abzugeben, keine Ahnung. Was bleibt, ist eine Schnitzeljagd nach seinen Platten, da außer zwei unglücklichen, aber keineswegs mißlungenen Versuchen, bei Virgin Records ein Popstar zu werden, alle Blegvadschen Hervorbringungen kleine und kleinste Labels zieren, mal unter dem Namen des Freundes John Greaves, mal als *The Lodge* oder gar *Slapp Happy* firmieren.

78

PETER BLEGVAD
‚Downtime' (1989)

Der glückliche Finder von ‚**Downtime**' wird belohnt mit der perfekten Blegvad-CD. Das Songwriting ist makellos; die Arrangements sind ausnahmsweise durchgehend hörerfreundlich und nicht zu bemüht verschroben oder zu slick oder durch Gimmicks zu sehr beeinträchtigt: rockistische Klassik. Die Gitarrensounds umfassen den gesamten Kosmos der Popgeschichte, und wer diese zerbrechliche, traurige Mischung aus Zynismus, Menschenliebe, Frustration und

Können schätzt, der wird ‚Downtime‘ nur mit den besten Freunden teilen wollen: schlecht für Blegvads Karriere, gut für kleine, gemeine Snobs – wie mich.

Ich war immer dagegen, das war eine Frage des Prinzips: *Slade*, besonders ihre wahnsinnige Live-Platte ‚Alive‘, ging noch durch, ebenso *Status Quo* und manchmal *Sweet*, aber **T. Rex**? Niemals! Da lauerte eine Gefahr in dieser Musik, in ihrer Effeminiertheit, ihrem Teenage-Appeal, ihrem unwiderstehlichen Rhythmus, in der Stimme Marc Bolans, im endlosen, nie endenden, stetig daherrollenden Strom von Hitsingles, eine besser als die andere, ‚Get it on‘, ‚Ride a White Swan‘, ‚Jeepster‘ – bitte den Rest selbst aufsagen, kleinen, feinen Mutanten-Boogie im Hinterkopf hören, Lockenkopf sehen, Kayalaugen, ein Bongosklave im Schneidersitz, Geschichten von Feen und Autos und Feuersalamandern und weißen Einhörnern. Marc Bolan, das kleine Szene-Arschloch, hatte den Mumm und den Genius, aus Illusionen und Halbwissen und minimaler Musik und unter Verzicht auf Drogen und menschliche Tugenden wie Treue, Verläßlichkeit oder Integrität ganz großen Warhol-Pop zu basteln, bevor er sich von seiner zweiten Frau und Sängerin des Originals von ‚Tainted Love‘ an einen Baum fahren ließ, dreißig Jahre alt und schon ein wenig passé. Nein, *T. Rex* durfte man nicht mögen, wenn man ein ernsthafter junger Mann sein wollte zu Beginn der siebziger Jahre, aber heute, zur Jahrtausendwende, darf ich doch in die Knie gehen und bereuen: Er war ein mieser kleiner Gott und möge mir verzeihen, daß ich ihn immer nur heimlich geliebt habe. Jeder Tag, an dem man zufällig

79
T. REX
‚Electric Warrior‘ (1971)

T. Rex im Radio hört, ist ein schöner Tag. Jeder Tag, den man damit beginnt, daß man ‚**Electric Warrior**‘ aus der kostbaren 101-Sammlung herauszieht und auflegt, kann nur ein Sonnentag, ein Tag für Trolle und Heinzelmännchen und kleine Nymphchen sein.

Erwachsen, jedenfalls ein bißchen, wurde Glam erst, als sich neben Gary Glitter und Marc Bolan so offensichtlich von der androgynen Muse geküßte Persönlichkeiten wie David Bowie und Brian Ferry Make-up und Plateau-Stiefel zulegten. Während selbst Bowies besten LPs etwas Angestrengtes anhaftet, waren **Roxy Music** mit und

Glam: Großbritannien hatte, im Gegensatz zu den protestantisch geprägten USA, eine starke homoerotische Grundströmung, aus der sich die Tolerierung und der Erfolg sexuell zweideutiger Vaudeville-Komiker, schwuler Bühnenautoren oder Schriftsteller, transsexueller Schauspieler etc. speiste und einen homosexuellen Star wie Noël Coward in einer eigentlich sexuell verklemmten Gesellschaft duldete. An diese Akzeptanz von Exzentrik und sexueller Ambiguität schloß Glam an, eine der sexuellen Herausforderung gesellschaftlicher Normen verpflichtete Spielart der Rockmusik, die eine bereits vorhandene Neigung der Popmusik zur Androgynität verstärkte – erst durch die Kajal-Augen eines Syd Barrett, dann durch den kleidertragenden David Bowie, die Neugier von *Mott the Hoople* oder durch die ihren Federboas und Make-up-Ideen verfallenen *Roxy Music*. Harter Rock wurde mit Momenten von Vaudeville und Kabarett vermengt. Der Erfolg von Glam brachte schnell sowohl eine britische Prolo-Variante mit *Glitterband*, *Sweet* oder *Slade* hervor als auch eine trashige, drogendunkle US-Version mit Lou Reed oder den *New York Dolls*, die Glam als Vorform von Punkrock etablierten. Selbst Bob Dylan blieb von Glam nicht verschont: Seine legendäre Rolling-Thunder-Tour von 1975/76 muß unter dem Einfluß des Bowie-Gitarristen Mick Ronson „trés glam" gewesen sein.
Bevorzugtes Format: selbstbespielte Mini-Disc, weil sie in jedes Schminktäschchen paßt

ohne Brian Eno stets auf so natürliche Weise unnatürlich, daß von der ersten Single an klar war: Hier kommt die Zukunft im Glitzerkostüm. Die Musik setzte sich aus postmodernen Rock'n'Roll-Bausteinen zusammen, die nur als zitathaftes Festmachdings dienten, als eklektische Walls of Sound, in die man nach Belieben burleske Elemente von Jazz bis Disco, von elektronischer Avantgarde bis Gospel dübeln konnte. Bereits ein Jahrzehnt vor der hedonistischen Pop-Offensive des Jahres 1982 assoziierte man mit *Roxy Music* Überfluß, Dekadenz, Luxus und Subversion – Begrifflichkeiten, die auf den überstilisierten Covern der ersten Platten durch glamouröse Models getriggert wurden und gleichzeitig eine ironisch-transsexuelle Brechung erfuhren.

Am überdrehtesten erscheint mir dieses Konzept auf ‚**Country Life**', da gleich zwei halbnackte Damen vor irgendwelchem Nadelgehölz plaziert sind, gnadenlos angestrahlt, das Schamhaar sichtbar in durchbrochenen Slips, die Brüste mal durch die Hände bedeckt, mal gehalten durch jene BH-Geißel der siebziger Jahre – one size fits all –, die Gesichter grell überschminkt, kurz: so rokokohaft weit von

Natur und ‚Country Life‘ entfernt wie nur möglich. Die Musik ist ‚Bitter-Sweet‘ und voller ennui einerseits, wird aber auch von gerade mal so kaschierter Geilheit getrieben, ein hyperner-vöses Schäferspiel, das die Möglichkeiten von *Roxy Music* in bisher noch nicht usurpierte Territorien westlich des Mississippi und südlich der Gürtellinie ausdehnte. Brian Ferrys Stimme jammert und balzt sich durch diese neuen Canyons der Sinne, wirkt derangiert und neugierig, muß sich nach burschikosen Anmachliedchen wie ‚If it Takes All Night‘ oder ‚All I Want is You‘ sofort auf hysterische Kunstliedteppiche fläzen, so angestrengt hat ihn ‚The Thrill of it All‘. Definitiv die Platte für jene Tage, an denen man sich für Marcel Proust hält oder für Edith Sitwell. Vous ne comprenez pas? Überspannt halt.
Und dann kam Punk.

80

ROXY MUSIC
‚Country Life‘ (1974)

Punk: Laut Karl May ist Punk ein primitives Präriefeuerzeug, laut William Burroughs ein williger Lustknabe im Gefängnis, laut Lexikon der reine Abschaum und laut Malcolm McLaren eine Strategie der situationisti-schen Internationale. Pophistorisch reichen die Wurzeln von Punk weit in die sechziger Jahre zurück, als sich Bands wie *The Seeds* oder *13th Floor Elevators* der angesagten Intellektualisierung und formalen Experi-mentierwut der Rockmusik verschlossen und ihr Heil im rüden Um-gangston und primitiven Gebrauch ihrer Instrumente suchten. Aus die-ser Anti-Hippie-Ursuppe kristallisierten sich mit *Velvet Underground, MC5* und *The Stooges* die ersten Proto-Punkgruppen heraus, die stil-prägend waren für die amerikanischen, mehr am Rock'n'Roll als an al-ternativen Lebensformen und Theoriedebatten interessierten Gruppen wie *New York Dolls, Ramones, Modern Lovers* oder *Television*. Der Ge-legenheitsmanager Malcolm McLaren brachte Mitte der siebziger Jahre die Ästhetik der US-Punks von New York nach London, kombinierte sie dortselbst mit der Mode seiner damaligen Lebensgefährtin Vivienne Westwood und dem Gedankengut der französischen Situationisten, was zu den *Sex Pistols* und einem geschäftlichen Kasperltheater führte, das seitdem als Beweis für McLarens Genialität angesehen wird. Punk als Jugendbewegung verkam schnell zur Lachnummer; die Musik aber verjüngte Rock'n'Roll für ein weiteres Jahrzehnt, führte zu einem Boom für Bands und kleine Labels und spaltete sich in so unterschiedliche Fraktionen wie die antialkoholische, vegetarische Straight-Edge-Bewe-gung, nostalgische Hausbesetzermucke, Soundtrack für Skateboarder oder die Freizeitpunkrock-Version der neunziger Jahre *Green Day*. Bevorzugtes Format: Single mit kleinem Loch, abzuspielen auf 33 rpm.

Wirklich seltsam war, daß er überall und gleichzeitig und immer schon dagewesen ist. Vorgestern was in Sounds gelesen, gestern ein Stück im Radio gehört, heute schon ein Fanzine gekauft und morgen eine Band gegründet. In London, klar, in München, hoppla, in Zürich, in Düsseldorf und Berlin, wo alle zugereisten Latzhosen aus Bielefeld sich plötzlich Sicherheitsnadeln ins Ohr steckten. In Los Angeles, Glasgow und sogar in Stuttgart: Punk. Blind und taub konnte man anfangs jede Single, jede LP mitnehmen: Abenteuer garantiert, neue Sounds, neue Welt. Soziologen warnten. Sozialarbeiter wogen ab. Journalisten schnüffelten. Faschismus? Kommunismus? Dann, endlich: no future. 1980, als Punk bereits dreimal für tot erklärt worden war, erschien auf Rough Trade, dem Label-Flaggschiff und Modell-Unternehmen der ganzen Chose, ein Sampler, der die britische, also die umstürzlerische, neutönerische, antirockistische, ideologische Seite des Movements den rockenden und rollenden Amis klarmachen sollte, die nur *Ramones* hörten und Heroin schossen und eine Nacht mit Debbie Harry verbringen

81

VARIOUS ARTISTS
‚Wanna Buy a Brigde?‘ (1980)

wollten, der schönsten Frau der Welt. Dieser Sampler hieß ‚**Wanna Buy a Bridge?**‘ und ging als Compilation ohne Fehl und Tadel in die Popgeschichte ein: Das Reservoir an Talent und Energie war so groß, so rein und riesenhaft, daß ein einziges Label 14 seiner Bands vorstellen konnte, ohne eine klitzekleine Niete dazwischenzumogeln, eine Null-Band, einen Hype, ohne ein vergängliches Schweinchen über den market place zu treiben. Klar, daß auch keine Kompromisse gemacht wurden, wozu auch? Die Revolution stand kurz bevor und der Untergang von EMI und CBS war beschlossene Sache, weil die Massen sich demnächst zu den Klängen von *Scritti Polittis* ‚Skank Bloc Bologna‘ oder zu *Cabaret Voltaires* ‚Nag Nag Nag‘ erheben würden. Angemessene Hysterie ob dieser No-Future-Aussichten verbreiteten *Slits, Raincoats, Kleenex* und *Essential Logic*, während Kindlichkeit durch die *T. V. Personalities* und Seriosität durch Robert Wyatt vertreten waren. Jede der ‚Wanna Buy a Bridge?‘-Gruppen hat eine oder mehrere Platten gemacht, die die Popwelt veränderten, ob die verträumte, baßgetriebene Introvertiertheit der *Young Marble Giants* oder der spätere, schmelzende Philosophie-Pop von *Scritti Politti*. Und auf dieser einzigen Platte sind sie alle in kritischer Masse vertreten: Punk Explosion!

‚Wanna Buy a Bridge?' endet mit der demi-sonoren, immer etwas hoch angesetzten, unendlich melancholischen Stimme Robert Wyatts, der neben Chris Spedding, Nick Lowe oder Kevin Coyne einer der wenigen britischen Musiker war, die nicht unter das generelle Boring-Old-Fart-Verbot fielen, sondern als Ex-Popstar und praktizierender Kommunist eine logische Heimat bei den jungen Revoltierern fand. Er gab seinen Rough-Trade-Einstand mit einer Singles-Serie, die amerikanische Pro-Stalin-Songs mit Ivor Cutlers eigenwilliger Lyrik paarte, Billie Holidays ‚Strange Fruit' ohne Peinlichkeit adaptieren konnte und auch noch Platz machte für Revolutionäres aus Kuba oder Indien. Mit dieser kleinen Münze kaufte sich **Robert Wyatt** den Respekt einer ganz neuen Generation von Musikhörern, die von *Soft Machine* zu Recht nichts wissen wollten und ganz für sich allein eine der großen Stimmen der Popmusik bekamen, auch noch im Dutzend billiger, als

82

ROBERT WYATT
‚Nothing Can Stop Us' (1982)

,Nothing Can Stop Us' die Singles zum Longplayer vereinte. Beantwortet die Frage, wo man in den 80ern war: auf der richtigen Seite. Oder gerade erst geboren. Klassiker.

Aus den Heerscharen der britischen Punk- und New-Wave-Kreuzritter stach besonders die Truppe um Andy Partridge heraus, die die drei Buchstaben **XTC** im Schilde führte. Ihr Turbo-Pop der frühen Jahre war exemplarisch für die Nervosität, die Aufgeregtheit, aber auch für die formale Strenge und konzeptionelle Intelligenz der Szene: ‚This is Pop' kreischten sie mit vollem Recht, um sich nach dem Weggang des etwas zu schrillen Tastenmannes Barry Andrews in ein selbstreferentielles Popuniversum emporzuwendeln, das von einigen Zehntausend treuer Fans bewohnt war, die dann aber doch zu wenige waren, um *XTC* am Leben zu erhalten und die Hitparaden-Regierung des Planeten Pop zu stürzen. *XTC* bildeten sogar eine eigene Guerillatruppe namens *The Dukes of Stratosphear*, sie gaben sich willig in die Hände des Hit-Schmiedes Todd Rundgren, machten runde Cover und Doppel-LPs im Schuber, boten die am schönsten verpackten Maxi-Singles der Popgeschichte, und doch half alles nichts: Ähnlich den *Go-Betweens* wurde ihre Einzigartigkeit nicht mit goldenen Badewannen und privaten Karibik-Inseln entlohnt, sondern lediglich mit der ewigen Zuneigung der zu weni-

New Wave: Radio-DJ Jürgen Hermann spielte ‚Egyptian Reggae' von den *Modern Lovers*, ein leicht schräges Instrumental, und nannte diese Musik New Wave. Gerade mal, daß es nicht Punk war. So verwirrt war man im Frühjahr 1978, und die Unschärfe des Begriffs New Wave ist geblieben. Eine Welle gab es tatsächlich: Weltweit meldeten sich unorthodox spielende und aussehende Musiker und organisierten unabhängige Labels oder suchten Kontakt zu den marktbeherrschenden Firmen, um ihnen gegen einen satten Plattenvertrag in den allgemein erwarteten Zeiten des Umbruchs musikalisch beizustehen. So war alles New Wave, was keinen Mohawk trug und keine Sicherheitsnadeln, aber irgendwie nicht nach *Eagles* klang: *Ultravox* und *Depeche Mode*, *Talking Heads* und *B-52's*, die konvertierten Rockstars Bill Nelson oder Robert Fripp, Mutanten wie *Devo*, Popbands wie *Blondie* und Krachpropheten wie *DNA*, die allerdings gleich zur No Wave mutierten. So setzte sich um 1980 eine neue Spielart der Popmusik durch, die sich erstmals nicht über musikalische Gemeinsamkeiten, sondern über zeitliche Koinzidenz, einen diffusen Modernismus und einen gemeinsamen Feind – die alten Hippies mit ihrem Anspruch auf einen popmusikalischen Alleinvertretungsanspruch – definierte. Oder wie es Daniel Miller, Chef von Mute records, positiv formulierte: „Man interessierte sich gleichzeitig für *Depeche Mode* und den wüsten Krach von *Cabaret Voltaire*. Popmusik war nie wieder so offen." Die Neugier hielt aber nicht lange: Schnell differenzierte sich auch New Wave in Subgenres wie New Romantics, Gothic oder Power Pop aus.
Bevorzugtes Format: kurze Haare.

gen Fans und einem feuchten Händedruck der Plattenfirma. So erwacht der XTC-Liebhaber an manchem Morgen und pfeift, summt, trällert seltsam verbogene Melodielinien oder halbvergessene Textfragmente, um sich, hocherfreut über seine *XTC*-Platten, die Anschaffung jeder weiteren Britpop-CD zu sparen. Musterkoffer-

83
XTC
‚Waxworks – Some Singles
1977–1982' (1982)

tauglich erscheint mir die Sammlung aller frühen *XTC*-Singles ‚**Waxworks – Some Singles/Beeswax – Some B-Sides 1977–1982**', weil auf selten organische Weise das Wachsen der Band wie in einem Entwicklungsroman nachzuvollziehen ist,

mit den B-Seiten quasi als Dreingabe und Apparat: Ambient, Rock'n'Roll, *Beatles*, Noël Coward und Mickey Most als Fußnote, Quelle und Querverweis. Und Fundgrube für DJs und Sampling-Piraten.

„Contort yourself five times..."

Abteilung 21, in der die Propheten im eigenen Land wieder einmal nichts gelten, weswegen hier nochmals nachdrücklich auf ihren Wechselkurs hingewiesen wird

Propheten im eigenen Land, was soll man dazu noch sagen? Das „eigene Land" sind in diesem Fall die USA; die Propheten heißen Richard Hell oder Joey Ramone oder Chris D. oder Mark Mothersbaugh. Und Punk ist britisch. Eigentlich nicht, blabla, eigentlich kommt er ja aus New York, blabla, aber erst Malcolm McLaren, blabla, Situationisten, blabla, *Clash* und Rough Trade Records und Rock Against Racism, blabla, Johnny-Rotten-not-forgotten, singt sogar Neil Young.

Und hat nicht der Evangelist der amerikanischen Rockmusik, Greil Marcus, in seinem Überfliegerbuch ,Lipstick Traces' alles haargenau aufgedröselt: Punk, der echte mit den drei Streifen und der Goldkante, ist britisch. Nun, Einspruch, Euer Ehren. Es gibt mindestens zwei Punkröcker. Eben den epigonalen britischen, der sich schnell zur zwar vitalen, aber kurzatmigen britischen New Wave wandelte und seine besten Köpfe an Jazzrock und Hare Krishna verlor. Und eben den richtigen, den wirren, den Hamburger essenden und Kleber schnüffelnden Punkrock, der sich selbst gebar aus mieser Teenagermusik, Speed und einer Abneigung gegen *Grateful Dead*. Und der ist nun mal zuerst in New York beheimatet gewesen, dann in Los Angeles und Akron, Ohio, und Cleveland, Ohio, und dann überall.

Chronologisch die ersten untergründigen Punk-Platten, die es nach Deutschland schafften, waren die hyperschnellen, fiesen Punkminiaturen aus Los Angeles, die Chuck-Berry-Coverversion der *Germs*, eine der besten Singles aller Zeiten, der ,Tooth & Nail'-Sampler, Blaupause für den späteren Hardcore, schließlich ,Los Angeles', das Debüt von **X,** deren Sängerin Exene Cervenka wie eine mopsige Siouxie aus Transsylvanien aussah, die drei Buben dagegen karierte Holzfällerhemden oder Rockabilly-Chic proklamierten und damit eine sachliche und ruhige Alternative zum Sicherheitsnadelgetue der englischen Musikpresse etablierten. *X* klangen noch sensationeller, als sie aussahen. Die Musik war bloß aufgebohrter Rock'n'Roll, okay. Aber dar-

84

X
,Los Angeles' 1980

über sangen und klagten in gedehntem, gequältem Unisono John Doe und Exene von Freuden und Leiden einer subkulturellen Stadtguerilla, während auf dem Cover ein X abgefackelt wurde wie das Kreuz bei einem Ritus des KuKluxKlans. Gleichzeitig blinkte im Hintergrund immer schon das Signal „Mainstream", war der Einfluß des *Doors*-Keyboarders Ray Manzarek zu hören, der die Soundfäden zog und die Outlaw-Energie immer wieder in Rock 'n'Roll-Regeln kanalisierte. So ist es dann auch gekommen: *X*, immer nur so viertel erfolgreich, gaben den scheinbaren Bedürfnissen des Mainstream-Rocks immer mehr nach, ohne sich je ganz durchsetzen zu können: perdu. Aber ‚Los Angeles' ist noch das große Versprechen, die erste Liebe, Punk in seiner ganzen, seltsamen Schönheit. Und wahrlich einen Platz in dieser Sammlung wert.

Ironischerweise über eine große Plattenfirma, ganz ohne Vorwarnung, einfach so, landeten ab 1978 die Platten von **Pere Ubu** aus Cleveland in Deutschland. *Devo* waren schon seltsam, mit ihren abgehackten Rhythmen und dem quietschigen Gesang und allem, aber das war noch irgendwie Popmusik, während *Pere Ubu* dem Rest der Popwelt zwei Jahrzehnte voraus war: Das kommt davon, wenn man in einer dreckigen Industriestadt unbedingt in eine Art innere Emigration gehen muß. Das Apokalyptisch-Industrielle wurde *Pere Ubu* nicht zur Industrial Music, gottseidank, sondern wurde verinnerlicht, verdaut, in seltsamen Naturmetaphern und in den dinosaurier- und vogelfixierten Texten eines David Thomas wieder hervorgewürgt, postindustrielles Gewölle, irgendwie Rock, vielleicht sogar Punkrock, oder doch New Wave, jedenfalls mit seltsamen Synthie-Geräuschen, einem steten Fiepen und Brummen und Twängtwängtwäng. ‚**New Picnic Time**' ist mir die liebste Platte von *Pere Ubu*, weil sie eine jener großartigen Platten ist, die auf Messers Schneide

85

Pere Ubu
‚New Picnic Time' (1979)

einherbalancieren, zwischen Gestern und Morgen stehen, zwischen Revolte und eigenem Klassizismus, zwischen Aufbruch und Dekadenz. Und all dies ist noch und schon zu hören, ganz ähnlich wie bei ‚Exile on Main Street', ganz ähnlich wie bei ‚Sign O the Times'. Mal kräht David Thomas sein einziges Statement zu seiner Mitgliedschaft bei den Zeugen Jehovas heraus, mal wird sanft der Blues ausgebreitet, mal wild getanzt. Als Zukunft noch eine Gegenwart hatte.

Heute sind *Pere Ubu* zur Begleitband von David Thomas geworden und haben den Weg vieler Revoluzzer/Lampenputzer beschritten: nach erfolgreicher Destruktion links abbiegen, dann Katzenjammer, dann formale Strenge. Auch okay.

James Chance habe ich erst 1997 live gesehen. Er war blaß, arrogant. Er war gut. Sein Saxophonstil und der Spagat der Band zwischen Standards und Free Funk versuchten weniger, an die hochenergetischen Jahre um 1980 anzuknüpfen als ein trotziges Spätwerk zu formulieren: trööt honky tonk. Und James Chance war sogar irgendwie am richtigen Ort, im Jazzkeller des Münchner Nobelhotels Bayerischer Hof. Schön, daß Sie noch nicht gestorben sind an zuviel von allem und vornehmlich dem da. Das Bains Douches im Paris des Jahres 1980 war auch so ein richtiger Ort, ein prallvoller Club im coolen ,Mann für gewisse Stunden'-Design, ein junger Wilder auf dem Höhepunkt, kann sogar mit Heroin klarkommen, singt dem Dämon sein ,King Heroin' ins Gesicht, lachend, scharf auf den nächsten Schuß, der Charlie Parker des Punkjazz, der Chet Baker der No Wave – wie viele wollten nicht sein wie er, huhu? Schließlich war Heroin doch der Diesel der Kreativen, Kokain naja, mehr für die Werbebranche, aber Smack: cool, gefährlich, deep.

James Chance hat dann anscheinend 15 Jahre gebraucht, um sein Saxophon wieder aus dem Pfandhaus holen zu können, soviel dazu. Seine Platten mit den *Contortions*, den *Blacks* oder den *Flaming Demonics*, sein Spiel mit verschiedenen Identitäten und Haltungen, sein demonstrativ lässiges, rüpelhaftes Saxophongebläse, seine Funkyness, sein Sinatra-Gehabe und B-Movie-James-Dean-Gemaule haben ihn groß gemacht für eine Saison, haben die Menschen heftig streiten lassen, ob hier einer Albert Aylers Erbe antritt oder bloß ein Blender ist, ein Abzocker, der aufs schnelle Geld aus ist? Im Rückblick war der James Chance des Jahres 1980 all das und mehr: Mit etwas mehr Respekt hätte die Jazzfraktion er-

86

James Chance/Contortions
,Live aux Bains Douches' (1980)

kennen können, daß da ein letzter Typ war, der ihre miefige Musik hätte retten können, bevor sie von diesen Marsalis-Brüdern aufgekauft wurde. Aber die Kerle waren und sind ja schlimmer als alle K-Gruppen zusammen. Wir hören auf ,**Live aux Bains Douches**' den Geist von Funk und Punk und New Wave und Teenage Rebellion wie schon auf Chances regulären Platten, aber eben hier noch ein bißchen mehr, ein bißchen fieser, ein bißchen schmutziger und funkyer, ein bißchen näher an der Klippe: wie er bellt und bläst und singt, als gelte es das Leben, hmm. Und dabei cool und überheblich ist wie ein Dutzend Kuratoren des Guggenheim Museums. Da zieht es einem wirklich die Beine weg.

„Ich habe keine Zeit, mit den Knöpfen rumzumachen. Reiß mir doch das Hemd vom Leib! Sagt die zu mir.“ Bumm bumm bumm, scheper, krach, schepper, twäng, twäng Punk-

87

¹/₂ JAPANESE
‚¹/₂ Gentlemen/Not Beasts‘
(1980)

rock. „Ich hab so wenig Zeit, und ich liebe dich. Drum reiß mir mein Hemd herunter, zerfetz es in tausend Stücke und schmeiß es neben das Bett. Sagt die zu mir.“ Song vorbei.

Noch mehr? „Mein Mädchen lebt wie ein Beatnik, handelt wie eine Prinzessin, sieht aus wie ein Filmstar, bloß hübscher und irgendwie dünner, zeichnet wie Picasso, malt wie Matisse, und sie liebt mich, liebt mich, liebt mich.“ Song schon wieder vorbei.

„Why can't I get just one fuck?“ Stellvertretend für alle pubertierenden Jungs stellte Gordon Gano 1983 diese Teenagerfrage aller Fragen, nach 25 Jahren Popmusik endlich im Klartext und mit dem pickeligen Drive eines Highschool-Werwolfs. Leider waren Gano und seine Band **Violent Femmes** dann doch eher frömmelnd und zukurzgeraten und ausgebrannt schon nach einer Runde, und Gano hatte unappetitlich viel Haare auf

88

VIOLENT FEMMES
‚Violent Femmes‘ (1983)

Brust und Rücken, aber dieses Debüt ‚**Violent Femmes**‘: mein Gott!

Das war Punkrock mit einem akustischen Baß, einer Snare drum und einer E-Gitarre, das war Grollen und Heulen und Jaulen und Zähneknirschen dazu. Das waren drei Jungs, die ihre Songs abfeuerten, als sprängen sie samt Instrumenten aus der Luke eines Flugzeugs, ohne Fallschirm, ohne Netz, ohne Plan, aber wer ihnen auf dem Weg nach unten begegnete, sollte sich besser in acht nehmen. Das waren die uncoolen Coolen. Die allzulang Verlachten. Das waren die Grübler und die Wichser und die mit Akne, und jetzt schlugen sie zurück.

Ganos Gesangsstil und die ungewohnte Attacke auf akustischen Instrumenten haben viel gemeinsam mit Tarantinos Gangstern und ihren wie beiläufig gehaltenen Revolvern und den Spatzenhirnen, also: Verachtung, Aggression, Krankheit, Mißverständnis. Nur daß Gano zehn Jahre früher als Tarantino den Dreh geahnt hatte. Die erste Seite von ‚Violent Femmes‘ ist wahrscheinlich die beste, die je von Newcomern abgeliefert worden ist: ‚Blister in the Sun‘, ‚Kiss Off‘, ‚Please Do Not Go‘, ‚Add It Up‘ und ‚Confessions‘, dazu noch ‚Gone Daddy Gone‘, wenn man die LP umdreht: Ich bin heute noch geplättet. Daß diese Platte nicht verboten wurde...

Nach den *Violent Femmes* begannen die achtziger Jahre: Punk in den USA kristallisierte aus, erstarrte zu Henry Rollins und College Radio. Okay, da waren ein paar interessante Neo-Traditionalisten und ein paar Irre wie Bob Mould oder J Mascis. Aber bis Grunge

---

Grunge: Solche Musik kann nur aus der Provinz kommen: Dauerregen, immer die gleichen Typen, im Radio Hardrock, ein bißchen Metal vielleicht, auf Partys dann Punk. Und von den Eltern gestohlene *Doors*-Platten. Die ganz irren Typen spielen selbst in Bands und machen bald eine Single auf dem Sub Pop Label hier in Seattle, irgend etwas, das den Stop-and-Go-Trick der *Pixies* anwendet, sich über *Quiet Riot* lustig macht oder über *Guns n' Roses*, aber doch so ähnlich klingt, mit Indie-Riffs zwischen den tiefen Bässen und mit Effektgeräten, wie Neil Young sie liebt. Vielleicht würde man die Vorgruppe sein, wenn *Mudhoney* hier spielen.

All dies zusammen trug ein Kinnbärtchen und wusch sich nur selten, weil das Leben ohnehin keinen Sinn macht. Als die Musik Grunge genannt wurde und der Soundtrack für eine gewisse Generation X sein sollte, eingeführt vom kanadischen Romancier Douglas Coupland, führte Kurt Cobains Gruppe *Nirvana* die schlappe nordwestamerikanische Version des Indie-Sounds aus dem Getto der Collegeradios an die Spitze der Hitparaden und ermöglichte all seinen Freunden und (Un-) Bekannten, ebenfalls gut dotierte Plattenverträge abzuschließen oder mit Neil Young auf Tournee zu gehen wie *Pearl Jam*, bis der Grunge-Ballon nach Cobains Selbstmord und die nur in den Medien existente Seattle-Hysterie platzten.

Bevorzugtes Format: Soundtrack-CD zu dem Film, wo dieser Typ mit den fettigen Haaren neunzig Minuten nachdenken muß, ob er eventuell mit dem blonden Mädchen schlafen soll.

---

losgetreten wurde, hatte dieser Alternativrock aus Amiland doch immer so einen Beigeschmack, als würde man auf Staniolpapier beißen. *Nirvana* und deren Freunde aus Seattle haben mir persönlich nichts gegeben, schließlich bin ich ja Schweizer und von daher niemals Teil einer Generation X oder ein Slacker oder sowas. Aber eine CD erschien doch unter dem Signum „Grunge", die mich sofort zur Luftgitarre greifen läßt, imaginäres Haar locker der Schwerkraft überantwortet, Rücken nach vorne gebeugt und am nicht vorhandenen Spitzbärtchen gekrault: **Soundgarden** deto-

89

SOUNDGARDEN
‚Badmotorfinger' (1991)

nierten mit **‚Badmotorfinger'** wie eine Echogranate in der Disco. Und aus den herumliegenden Fetzen Fleisch wurde ein neues Frankensteinmonster gebastelt, ein wenig *Black Sabbath*, eine Portion Neil Young, eine Prise *Pixies*, ein Haufen *Grand Funk Railroad* oder *Deep Purple*, grobe Nähte an Hals und Armen, fette Schrauben durch den Nacken, üble Schrammen am Kopf, aber wenigstens nichts drin außer bubihaften Weltverschwörungsphantasien, die mit einer Ernsthaftigkeit herausgebrüllt werden, wie sie nur Pop legitimiert. Alles andere wäre klinisch. Einerseits. Und dann wohnte in diesem klobigen Monster doch so etwas wie Musik, die man so noch nie gehört hatte und ein Witz, eine faszinierende Sicht der Dinge, die Trendgeschwätz und Medienrummel gut überstanden haben. Laute Musik. Große Kunst.

Kurt Cobain ist tot und mit ihm Grunge. Doch der Nordwesten der USA spuckt weiter Talent um Talent nach Osten; und am weitesten hat er gespuckt mit **Sleater-Kinney**, der Antwort der Göttin auf alle Punkrock-Nöte. Okay, sie sind lesbisch und unverschämt und laut,

90

SLEATER-KINNEY
‚Dig Me Out' (1997)

aber das war Phranc, das sind *Team Dresch* auch. Was die Mädels von *Sleater-Kinney* und ihre dritte Platte **‚Dig Me Out'** von den Genannten unterscheidet, sind die Augen von Corin Tucker, Gesang, Gitarre, Band-
identität. Die anderen beiden Grrrls waren und sind austauschbar, aber wenn Corin dich von der Rückseite des ‚Dig Me Out'-Covers herab anschaut, dann weißt du, was los ist. In diesem Blick ist die gesamte Geschichte der amerikanischen juvenile delinquency, aller Lederjacken und Rocker und Rebellen ohne Grund und Speed-freaks und Bombenbastler und Lower-Eastside-Junkies und aller Punks; die Körperhaltung erzählt von katzenhafter Desinvoltura,

von katholischen Internaten, von getrockneter Hundescheiße im Nachttisch der Oberin, alles zusammen dann von überlegener Intelligenz und einer Verschlagenheit, die es weit bringen könnte, wäre da nicht – hmmm, die Musik. Schnell, aber nicht überschnell, laut, einfach, eine sich überschlagende, auch kieksende Stimme, desinteressierte Melodien, nur Songs wie Ohrfeigen, wie Arschtritte, akustisches Karate, oder wie *Sleater-Kinney* selbst es nennen: ‚Words and Guitar'. Damit kommt man nicht in den ‚Titanic'-Soundtrack. Aber wenigstens in dieses Buch.

„I wanna be black"

Abteilung 22, in der es sich manche Weißärsche ganz genau überlegen, in wessen Haut sie stecken möchten

Der Erfolg kenne keine Hautfarbe mehr, schreibt der Journalist Olaf Karnik in seinem Beitrag zu dem Black-Music-Reader ,Chasin' a Dream'. Und nach fast zwei Jahrzehnten, in denen Michael Jackson die Hitparaden dieses Planeten regierte wie einst nur die *Beatles* und der King, dessen Tochter er sogar ehelichte, zwei Jahrzehnte, in denen deutsche Fürstinnen einem schwarzen Prince zu Füßen lagen und Whitney Houston in der Rolle von Schneewittchen durchaus denkbar gewesen wäre, möchte man Karnik fast recht geben. Hollywood zum Beispiel: Kein programmierter Kassenschlager ohne einen weißen *und* einen schwarzen Hauptdarsteller; kein noch so blöder Unterhaltungsstreifen, der nicht einen Schwarzen als Polizeichef oder Richter durchs Bild gehen läßt – als

Soul: Ein Stil entsteht, wenn etwas Ungewohntes Methode bekommt. Amerikas schwarze (Land-)Bevölkerung war es gewöhnt, mit einem entweder/oder in der Musik zu leben: Samstags Blues, Rhythm'n'Blues, Teufelsmusik eben, Sonntags dann Zerknirschung, Lobpreisung, geistliche Musik, Gospel. Wenn Musiker beide Felder beackerten, so wählten sie gerne Künstlernamen; Charlie Patton erschien sogar verkleidet zu einer Gospel-Aufnahmesession, um nicht als berüchtigter Blues-Sänger erkannt zu werden. Erst in der zweiten Hälfte dieses Jahrhunderts vollzogen viele Afroamerikaner den Antagonismus zwischen kirchlicher und säkularer Musik nicht mehr nach: Dinah Washington holte Jazz, Blues und Gospel in den Konzertsaal. Im Gefolge der schwarzen Vokalgruppen der fünfziger Jahre, im Windschatten von Ray Charles und Sam Cooke ersetzten immer mehr schwarze Sänger das Wort god in ihren Gospelballaden durch das Wort love und eroberten so ein neues, jüngeres, schwarzes wie weißes Publikum; Labels wie Stax in Memphis, Motown in Detroit oder Atlantic schrieben Soul- und damit Popgeschichte. Black war mit einem Mal beautiful, das Essen soul food, der Typ von nebenan ein soul brother und dein Pech, Alter, wenn du weiß bist: „Weiß zu sein bedeutet plötzlich ein Manko, denn die weiße Kultur schließt den Besitz von schwarzem ,Soul' aus" (LeRoi Jones). Bevorzugtes Format: obskurer, von englischen Sammlern zusammengestellter Sampler mit Singles aus den amerikanischen Südstaaten.

Geste der rassischen Correctness, als positives Rollenmodell für heranwachsende US-Bürger schwarzer Hautfarbe. Und natürlich auch, um die große und freizeitaktive Klientel der schwarzen Großstadtkids in Tarantinofilme zu locken, die sich selbst wiedererkennen will in dem coolen Nigger neben John Travolta.

Da muß man das Mikroskop schon etwas schärfer stellen, um die rassischen und rassistischen Pigmente erkennen zu können. Um mit Amiri Baraka, dem letzten Black-Power-Beatnik und heutigen Kommunisten, zu sprechen: Amerikas Schwarze sind entweder yellow, brown oder black. „Yellow" meint anbiedernd bis zur Selbstverleugnung, rein den Werten der weißen Mittelschicht verpflichtet, sonntags in der falschen Kirche, ,Cosby Family'. „Brown" meint angepaßt, aber der Ungerechtigkeiten, der eigenen Geschichte und Herkunft, der per Definition ungerechten gesellschaftlichen Position wohlbewußt und im Zweifelsfall ebenso stolz darauf, ein Schwarzer zu sein wie ein Amerikaner. Und „black" meint dissident, irrational, antibürgerlich, separatistisch, meint die Nacht, die Illegalität, die Drogen, die Musik. Meint Aggressivität, Widerstand und den Willen, sich keinen noch so kleinen Scheiß mehr gefallen zu lassen.

Wenn also Michael Jackson „yellow" ist wie ein deutsches Telefonhäuschen aus alten Tagen, war **Prince** stets „brown". Er zog als Teenager aus, die Musik zu revolutionieren *und* dem Mainstream seinen guten Namen zurückzugeben. Sein ,**Sign O the Times**' repräsentiert die achtziger Jahre wie keine zweite Platte, ihren Hedonismus, ihre sexuelle Paranoia, die Wiederkehr der politischen Reaktion, komischkünstliche Keyboardsounds, Simmons-drums, ab-

91

PRINCE
,Sign O the Times' (1987)

artig geformte Gitarren, Tod. Und zugleich konterkariert ,Sign...' diese Zeit, läßt ihre Kälte und Egozentriertheit hinter sich und fragt, was wäre ,If I Was Your Girlfriend' und warum Kinder sterben müssen, weil ihnen auf dem Schulhof Drogen verticki werden. Dazu baut Prince eine Art Museum der schwarzamerikanischen Musik auf, in dem alles gesammelt ist und ausgestellt wird, auf das ein schwarzer Amerikaner stolz sein kann: der Klang der großen Tanzorchester, die Gitarre von Jimi Hendrix, Funk und Blues, die Inbrunst schwarzer Gottesdienste, Rap, Soul und a capella-Gesang, Steptanz und Fife&Drum-Bands, die zu einem wilden Weekend in den Büschen Tennessees einladen. Mit angemessener Gelassenheit

Funk: Es war James Brown mit seinen scharfen Bläser-Heerscharen und den wilden Drummern, der die Intensität des Gospel, die Akkuratesse des Jazz und die Emotionalität der Soulmusik um eine revolutionäre Komponente ergänzte: die Schönheit des schwarzen Körpers und Geistes, ausgedrückt in der rhythmischen Betonung des 1. Schlages in einem Takt. Musikalisch hatten Bands aus New Orleans (*The Meters*, Dr. John) und aus Kalifornien (*Crusaders*) Vorarbeit geleistet, aber erst James Brown und Sly Stone und Jimi Hendrix setzten jeder auf seine Weise eine neue Ästhetik mit afrozentrierten, antizivilisatorischen, vitalistischen und irrationalen Komponenten frei, die sich in den frühen siebziger Jahren ihre wilde Bahn brach und mit ihrem Kleidungsstil und der kryptischen Geheimniskrämerei der Eingeweihten Jazzer wie Herbie Hancock, Sun Ra und Miles Davis ebenso erfaßte wie Black-Music-Wunderkind Stevie Wonder oder den Propheten des Funk, George Clinton, der die schwarze Musik seiner Zeit mit derart vielen psychedelischen Drogen vollpumpte, daß Mitte des Jahrzehnts niemand mehr wußte, wer unter Clintons Ägide mit welchen Bands bei welcher Plattenfirma unter Vertrag war – das P-Funk-Raumschiff war unterwegs. Selbst Disco konnte das Funk-Gefährt nicht ernsthaft aus der Bahn drängen, und so bescherten uns die achtziger Jahre eine funky Vielfalt von *Zapp* über Rick James bis Prince oder die *Red Hot Chili Peppers*. Erst in den neunziger Jahren wandelte sich die Rezeption von Funk: Er wirkte plötzlich ältlich im Vergleich mit Techno, Jungle oder HipHop und muß nun als Sampling-Steinbruch herhalten.
Bevorzugtes Format: P-Funk-LP mit filzstiftbemaltem Cover.

wird auch Rock Springsteenscher Provenienz eingemeindet (‚I'll Never Take the Place of Your Man‘) oder weiße sophistication mit white trash kombiniert (‚The Ballad of Dorothy Parker‘). Geschlechterrollen lösen sich auf wie Musikstile, übrig bleibt das Zwitterwesen Prince. Dann verschwindet auch der, verschwindet in den Gängen des Paisley Parks, verschwendet seinen Namen, verschwendet seine Musik, verschwendet schließlich unsere Zeit. Eine traurige Geschichte.

KRS-One war wie Prince ein vernachlässigtes Kind, das sich das bißchen Wärme und Geborgenheit bei den Familien seiner Freunde holen mußte und auf der Straße ein Ego größer als das Chrysler Building entwickelte. Wo Prince allerdings in Diensten der Warner Brothers zum glamourösen Star der achtziger Jahre aufstieg, geriet

KRS-One in Schießereien, verlor seinen besten Freund und Partner im sinnlosen Bürgerkrieg auf Amerikas Straßen und erreichte schließlich über kleinste Labels den Status eines Sprechers der Getto-Jugend, eines Propheten der Gangsta und eines modernen Preacherman, der Fragen stellt, weil er die Antworten schon kennt. Waren auch seine Platten als *Boogie Down Productions* der ‚Blueprint of HipHop‘, so hat mich am meisten seine Solo-Platte **‚Return of the Boom Bap‘** beeindruckt: HipHop, der in die Old und New School gegangen ist, um nach zahlreichen Irrungen in groovend-formaler Strenge einen Grad an Abstraktion zu erreichen, den ich bei nicht-instrumentaler Musik

92

KRS-ONE
‚Return of the Boom Bap‘ (1993)

HipHop: Als in den siebziger Jahren jamaikanische DJs wie Kool Herc in den Gettos von New York populär wurden und die Straßengangs anfingen, die gegenseitigen verbalen Beleidigungsrituale (dirty dozens) zu den Rhythmen von Dub und Reggae abzufeiern, entwickelte sich rund um die DJs ein sportiver Kult, der bald als Scratchen (Manipulieren von Schallplatten), Breakdance (halsbrecherische Tanzartistik) und Rap (hochgeschwinder, rhythmischer Sprechgesang in Reimform) internationale Beachtung fand und Erfolge von *Sugarhill Gang* bis *Blondie* und Kurtis Blow ermöglichten. Aber erst ‚The Message‘ von *Grandmaster Flash & The Furious Five* gab Rap eine sozialreportagehafte Stimme, die von radikal denkenden und rappenden Vokalartisten wie Chuck D. von *Public Enemy* und KRS-One zum Getto-Sprachrohr umfunktioniert und vom Sound her radikalisiert werden konnte: HipHop. Die neuen harten Jungs mit den dicksten Eiern und längsten Vorstrafenregistern bezeichneten sich als New School, legten mehr Wert auf Produktion, coole Samples und musikalische Details und retteten das Genre vor dem Verschwinden: *De La Soul, J. V. C. Force* und *Eric B. & Rakim*. Als aber Rapper von der Westküste wie *NWA*, später 2Pac und Snoop Doggy Dogg in grotesker Überzeichnung der von KRS-One definierten ‚Criminal Minded‘-Ideologie schwarze Frauen ausschließlich als Huren, Drogenhandel und Gewaltkriminalität dagegen als way of life und eine ewige Kreuzfahrt als Lebensziel ausgaben, half dies entscheidend mit, HipHop als kleinbürgerliche Fantasy-Musik der neunziger Jahre zu etablieren, die durch die hochkommerzielle Rekombination von HipHop mit sanftem Soul-Getue à la Puff Daddy noch eine Stufe doofer als erwartet ausfiel.
Bevorzugtes Format: eine CD, die an dicker Goldkette um den Hals getragen wird.

---

nie erwartet hätte. Was nicht heißen soll, daß KRS-One hier zwischen Charles-Mingus-Samples und klöppelnden Drum-Patterns plötzlich nicht mehr Klartext rappen würde, alles zwischen Getto-Sexismus und Polizei-Willkür attackierend, was zum guten Hip-Hop-Ton gehört. Das alles geschieht hier nur mit so minimalen Mitteln, so klar, so jenseits jener Gangsta-Widerlichkeit, die mir alles zwischen Death Row und Puff Daddy vergällt, so jenseits auch aller gewendelten Rassismen und Machismen, die mir *Public Enemy* bei allem Respekt immer wieder suspekt werden lassen, so deeply rooted in Dub, daß diese Doppel-LP als Eintrittskarte in eine komplexe und schwer verständliche Weltgegend des Planeten Pop gelten muß. Gut aufbewahren und auf Verlangen vorzeigen.

Eher ornamental als abstrakt ist der avancierte Instrumental-Hip-Hop des kalifornischen **DJ Shadow**. Er nimmt die Bürde des weißen Buben auf seine Schultern, mit der falschen Hautfarbe das Richtige zu tun und bricht die Beats auf, verschnipselt die Klänge ferner Generationen, samplet und loopt und programmiert, gibt den verrückten Sound-Professor, verbringt Tage in Second-hand-Plattengeschäften, um neues Material für seine detektivische Variante von

93

DJ SHADOW
‚Endtroducing…‘ (1996)

HipHop zu finden, die er auf ‚**Endtroducing…**‘ erstmals in Albumlänge ausbreiten konnte, nachdem sein Name durch Zusammenarbeit mit dem japanischen Seltsam-HipHop-Menschen DJ Krush und

Anerkennung durch die HipHop-Legende Africa Bambaataa bereits einige Verbreitung gefunden hatte. DJ Shadow organisiert seine Samples nicht notwendigerweise nach reinen HipHop-Zweckmäßigkeiten wie Tanzbarkeit, Rap-Tauglichkeit, Insider-Wissen, Gangsta-Coolness, sondern versucht, zu eigenen Kategorien durchzubrechen, die mal den inneren Film mit einem Soundtrack versorgen sollen, mal eine Minimal Music mit Groove anzustreben scheinen, mal ein rein assoziatives Sound-Spiel herausfordern: ‚What Does Your Soul Look Like?‘ In unseren Tagen klingt es perfekt, spannend, neu und frisch. Kann aber gut sein, daß dies erst die Fingerübungen für eine völlig neue Popmusik der Zukunft sind, die in zehn oder zwanzig Jahren ebenso belächelt werden wie heute die Synthesizer-LPs der futuristischen sechziger Jahre.

Dub: Ob es der übermäßige Genuß der heiligen Ganjablätter oder die pure Lust am Herumspielen im Studio war, die den Rastas die Idee eingaben, baßlastige, extrem verhallte und gern verzerrte Instrumentalversionen ihrer Reggae-Songs herzustellen und auf die B-Seiten ihrer Singles zu knallen, versions genannt, ob diese bei den DJs und Betreibern der fahrbaren Dorfdiskotheken Jamaikas eine gesteigerte Nachfrage hervorriefen, weil Platten ohne Vocals Platz boten für eigene lustige, anzügliche, weise Sprüche, die man via Mikrophon drüberklopfen konnte, läßt sich nicht mehr feststellen. Fest steht, daß diese Musik am weitesten von allen Stilen in die Vergangenheit zurück- und unendlich in die Zukunft vorgreift: Hypermoderner Space-Traditionalismus. Parallel zur Entwicklung des Reggae entstand ein Reservoir begnadeter Produzenten wie Lee Perry und dub-kompatibler Rhythmusknechte wie Sly Dunbar und Robbie Shakespeare, die ihre eigene, oft psychedelische Vision von jamaikanischer Musik hatten und in ihrer transrationalen Tanzbarkeit nur noch im Funk Geistesverwandte finden. Von dieser Dub-versessenen Atmosphäre der Mittsiebziger profitierten charismatische Sänger wie Prince Far I, Tapper Zukie, U-Roy oder Winston Rodney alias *Burning Spear*, die ihren Sprechgesang gern zu versions ablieferten. Dub erfreute sich schnell auch in Großbritannien höchster Beliebtheit, wo politisch radikale Poeten wie Linton Kwesi Johnson die riddims benutzen, um ihre Inhalte populär zu machen, wo der schwarze Produzent Dennis Bovell die Dub-Ästhetik weit in die Punkbewegung hineintrug (*Pop Group, Slits*) und wo mit Adrian Sherwood ein weißer Superstar des Dub entstand, der lange vor der Remix-Wut der Gegenwart seine Fähigkeiten in den Dienst von *Depeche Mode* bis *New Age Steppers* stellte und das wenig kommerzielle, aber legendäre On-U-Sound-Label etablierte. Durch seinen Einfluß auf HipHop, Jungle und Trance ist Dub auch während der neunziger Jahre ein im Hintergrund extrem einflußreicher Stil geblieben.
Bevorzugtes Format: die B-Seite einer Single.

Bill Laswell begann seine Karriere in der New Yorker Avantgardeformation *Material* und verlor trotz seiner zahlreichen Produktionsjobs im Mainstream-Segment nie seine Street Credibility: Sein Name taucht auf Mick-Jagger-Platten ebenso auf wie auf Weltmusik-Produktionen, auf Freejazz-Metal-CDs oder Dance-Maxis. Unter seiner Anleitung entstand auch die Doppel-CD ,**Axiom Dub – Mysteries of Creation**', die den Science-fiction-Aspekt der

94
VARIOUS ARTISTS
‚Axiom Dub – Mysteries
of Creation' (1996)

einst rein jamaikanischen Dub-Musik betont und die schlingernden, hallenden Baßfontänen als Antrieb nutzt für virtuelle Sound-UFOs, die den Weltraum der Möglichkeiten jenseits unserer bisherigen Klangvorstellungen bereisen. Laswells mothership wird nicht mehr nach ethnischen Gesichtspunkten bemannt, sondern fliegt mit einer Crew, die aus *The Orb* und dem Mad Professor, aus den DJs Ninj oder Spooky und den Veteranen *Sly & Robbie* besteht: ein Allstar-Team, rekrutiert aus den Lagern Illbient, Techno, Drum'n'Bass, Reggae, No Wave und Krautrock. In seiner Vielfalt einzig und ein Hinweis, daß zur Jahrtausendwende nicht nur der Erfolg keine Hautfarbe mehr kennt, sondern Popmusik generell in ein neues, internationalistisches Stadium eintreten könnte – wären da nicht die hoffentlich kurzlebigen Versuche, regionale und nationale Märkte zu etablieren und abzuschotten: „Buy British". In unserem Musterkoffer nimmt ,Axiom Dub' den Platz des Hoffnungsträgers ein, nach vorne gerichtet, das Soundbrett hoch auf dem Kamm der Baßwelle, in der praktischen Nutzanwendung weniger Tanzmusik als After-Hours-Sound: die Musik, zu der aufgeräumt wird, damit das Leben weitergehen kann. Hier noch ein Schluck Bier, da noch die Gläser gespült, dort ein letzter Spliff, dann kann morgen die Zukunft beginnen.

„If he's crying at all, he is crying all the way to the bank..."

Abteilung 23, in der Onkel Lou einen Teil seiner armen Verwandtschaft trifft.

Manchmal heißt es in diesem Buch am Schluß einer Passage, es handle sich um eine der fünf besten Platten der Popgeschichte, eine, die ich bei meiner Verbannung auf die Teufelsinsel mitnehmen würde. Lou Reeds ‚**Street Hassle**‘ gehört ebenfalls dazu, eine Mischung aus Live- und Kunstkopfaufnahmen im Studio, wobei schwer zu sagen ist, welche mit der größeren Beiläufigkeit erledigt wurden. Im

95
LOU REED
‚Street Hassle‘ (1978)

Hintergrund quengelt sich eine hart rockende Band durch zwei, drei Akkorde und hört sich dabei an, als würde eine Single auf LP-Geschwindigkeit abgespielt, darüber honkt gelegentlich ein Saxophon. Vorne ist Lou. So cool, daß er kaum den Mund aufmacht, so aufgeschwemmt und mit Drogen vollgepumpt, daß sein Gesang hechelnd und daher übertrieben geil wirkt. Der Popstar am Scheideweg: Ertrinken oder Schwimmen. Lou Reed entschloß sich bald nach ‚Street Hassle‘ zu schwimmen, zu heiraten, zum Klassiker zu werden, in den neunziger Jahren sogar zum Gutmenschen, der keine Textzeilen mehr singt wie „I wanna be black; I wanna be like Martin Luther King and get myself shot in spring. I don't wanna be no fucked-up middle class student no more". Aber zu ‚Street Hassle‘-Zeiten war ihm ein issue noch ein Tissue, mit dem man sich den Hintern wischt: Downtown-Manhattan-Ennui at its best. Aber es kommt noch besser und besser: das turborotzige und honkytonkpianogetriebene ‚Dirt‘, Long Island Swamp Rock, mit seinem unnachahmlichen Decrescendo am Schluß, und das elfminütige ‚Street Hassle‘, eine Punkrock-Suite über Liebe, Sex und ‚Waltzing Matilda‘, das Lied der Australier. Hat noch keiner besser gemacht.

Und wie schaut es mit Lou Reeds Haßliebe **John Cale** aus? Von dem würde ich ‚**Music for a New Society**‘ auswählen, um mich an einsamem Strand beim Flaschenpostschreiben an diesem Franzl Schubert meiner Generation zu erfreuen und mich zu erinnern, wie

141

er Hühnern den Kopf abbiß, russischen Orchestern Eier verpaßte und Chuck Berry einen Minimal Music PhD. ‚Music for a New Society' ist Musik für eine neue, eine andere Gesellschaft. Eine Gesell-

96

JOHN CALE
‚Music for a New Society'
(1982)

schaft, die es aushalten kann, daß es bis zum Ende der A-Seite einer LP dauern kann, will man einen halbwegs konventionellen Song hören, ‚Close Watch', doch selbst der rauscht, fiepst und britzelt, bis ein Dudelsack und eine Snare das Lied zu einem halbwegs guten Ende bringen. Davor muß jeder für sich durch Cales antarktisches Seeleneis gehen, das diese Gesellschaft mit einer idealistischen Kälte abbildet, die der Sänger mit seiner samtweichen und trotzdem knarzig-walisischen Stimme nicht lindern kann und will. Überhaupt die Stimme: Der fast unerträgliche Hall isoliert den Sänger von der Gesellschaft der Instrumente, schafft einen körperlich spürbaren Abstand, macht eine artifizielle Einsamkeit hörbar. Cales tiefempfundener Humanismus, gern hinter Psychosen, Impertinenz oder Jovialität versteckt, wird auf keiner seiner LPs deutlicher, genau wie die Bedeutung, die er für Lou Reed hatte: der Fremde, der klügere Bruder aus Europa, der Mensch, der mit einem arroganten Arschloch über den Abgrund balancieren mag. Bis das Arschloch losläßt.

Nun doch noch eine **Velvet-Underground**-Platte: Eigentlich dachte ich, inzwischen ohne die Gruppe leben zu können, die meinem

97

VELVET UNDERGROUND
‚Loaded' (1970)

Herzen neben Dylan am nächsten ist. Als ich begann, mir Platten und Argumente für dieses Buch zurechtzulegen, wartete **‚Loaded'**, das vierte Album der Gruppe um Lou Reed als edel aufgemachte ‚Fully Loaded Edition'-Doppel-CD auf meinem Schreibtisch darauf, endlich an die einzig passende Stelle im CD-Regal gestellt zu werden. Nur ein Handgriff. Ich ließ die CD gegen alle Gewohnheit liegen, schob die Hülle nicht in ihren Schuber, auch nicht das Beiheft. In den ganzen zwölf Monaten, die ich an diesem Manuskript schrieb, war mir ‚Loaded' stets im Weg, meine Lieblingsplatte der *Velvets*, weil ‚Sweet Jane' das erste Stück war, das ich vor endloser Zeit von ihnen gehört habe, im Radio: natürlich was my life saved by ‚Rock & Roll'.

‚Loaded', die Ungeliebte, die Platte, die immer vergessen wird, wenn einer die LPs von *Velvet Underground* aufzählt, war dann auch eine der ersten Platten, die ich mir kaufte. Es dauerte Jahre, bis ich erfuhr, daß Ersatz-Cale Doug Yule die Hälfte der Lieder singt und nicht Lou Reed; daß Maureen Tucker gar nicht trommelte, weil sie schwanger war, weiß ich erst seit kurzem. Was ich damals wußte, war, daß ‚Sweet Jane‘ und ‚Rock & Roll‘ zu der Kategorie Songs gehören, die man in hundert Jahren nicht totspielen kann. Was ich wußte, war, daß ‚New Age‘ und ‚Oh! Sweet Nuthin'‘ ziemlich genau das sind, was ich unter perfekt verstehe, eine Mischung aus Rock, Sentiment, Slogans und Pop-Art. Was ich weiß, ist, daß mein popkulturelles Unterbewußtsein so lange auf stur geschaltet hat, bis ich ‚Loaded‘ wieder in den CD-Player legte und zu den Klängen der Burroughs-Hommage ‚Lonesome Cowboy Bill‘ lostippte. Und „Es“ hatte recht: Wieder eine von diesen wunderbaren Platten von einer Band, die bereits ein Scherbenhaufen war, wieder eine Platte, auf der Gruppenidentität nur noch als Fiktion existiert, wieder einmal Musik, deren Aufgabe es zu sein scheint, die gesamte Vergangenheit der Band zusammenzufassen, alles Manierierte und Experimentelle abzustreifen, den populären Kern zu finden, das ‚Rock'n'Roll Heart‘, das Potential, mit dessen Hilfe man ein neues Jahrzehnt, ein neues Label, die Zukunft eben, bestehen kann: „What comes is better than what came before“. Musik, für die neunzig Prozent aller Rockmusiker ihre Mutter lebendig einmauern würden.

Das Debüt von **David Byrne**, einer Art intellektuellem Großcousin von John Cale und Lou Reed, und den *Talking Heads* gehört heute zu den überschätztesten Platten auf diesem Planeten: Wie so viele Meilensteine der siebziger Jahre wirkt auch Byrnes damals revolutionärer ‚Psychokiller‘ hüftsteif und lahm. Die Rezeptionsgeschwindigkeit hat sich in diesen gut zwanzig Jahren derart erhöht, daß man sich durch ‚Talking Heads 77‘ nur noch mühsam durchquälen kann. Okay, die *Talking Heads* haben schieben geholfen, damit die New Wave ansprang, immerhin, sie haben ein paar gute und ein paar bemühte Platten gemacht: Aber wann hat irgendwer diese Platten zum letzten Mal gehört? David Byrne hob nach Auflösung seiner Erstsemesterkapelle gleich in die Sphären der hohen und hehren Kunst ab und scheint erst jetzt, gegen Ende der neunziger Jahre wieder in die Erdatmosphäre einzutauchen: als Chef eines Labels,

das Erfolg sucht. Als Solokünstler, der mit ‚**Feelings**' eine CD vor-
gelegt hat, die alles in den Designer-Schatten stellt, was ihm früher
aus den Gitarren geflossen ist. Nur ist er selbst nun leider out, ein

98

DAVID BYRNE
‚Feelings' (1997)

nostalgisches Beiprodukt zu den achtziger Jahren, eine
Sättigungsbeilage, die kein Hipster mehr ins Menü aufnimmt. Aber ich bitte, diesen Kardinalfehler nicht zu be-
gehen: Zu intelligent sind die Texte in einer an guten Texten armen Zeit, zu filigran und trotzdem druckvoll die Produktion,
zu klug und nachgerade verwegen sind die Arrangements, zu wage-
mutig die Stimme: zu perfekt diese CD, die auf selbstverständliche
Weise Arabien mit der Westcoast, New Wave mit Streichquartett,
Südamerika mit Iggy Pop verbindet. Klingt abschreckend, oder?
Aber „selbstverständlich" heißt in diesem Fall, daß einem die Bastardisierung einleuchtet, wenn sie David Byrne, und nur er, voll-
zieht. Diesmal hat er die Zutaten unter Kontrolle. Diesmal wird
aufgegessen. Diesmal ist die Musik keine Blaupause für aufstre-
bende Menschen aus der Werbebranche, sondern die Spätvoll-
endung eines zu früh Abgeschriebenen.

Kim Fowley ist der Apokalyptische Reiter der Popgeschichte. Wo
er auftaucht, als Musiker, als Produzent, als Impressario oder Manager, da bleibt kein Stein auf dem anderen. Also war der Erfolg beschlossene Sache, als Fowley in den frühen siebziger Jahren anfing,
in einem Reihenhausgarten in Boston zu kampieren, um die Musik
der *Modern Lovers* aufzunehmen und zu intergalaktischem Ruhm
zu führen. Aber 1972 wurde nichts daraus und 1976 auch nicht.
Und als **Jonathan Richman**, der vom *Velvet-Underground*-Klon
zum Sesamstraßen-Charakter mutierte Prophet einer modernen
Welt, zu Beginn der 80er eine Art Solokarriere anstrebte, hat er in
deren Verlauf vielleicht ein paar tausend Herzen gebrochen und zur
Gründung von ein paar hundert Bands angestiftet, aber seine Hand
hat Richman immer noch nicht in den feuchten Zement auf dem
Sunset Boulevard drücken dürfen. Höchstens als Hilfsarbeiter. Dabei ist diese 99. Platte im gerammelt vollen Musterkoffer wie ein
Sonnenstrahl in einem finsteren New-Wave-Keller. Die seligma-
chende Wirkung von Prozac, erzielt durch Musik. Richman verwei-
gerte sich einfach den Ansprüchen an einen Erwachsenen: Er blieb
ein Teenager, ein Kindskopf, ein Träumer. Er verdammte sich in un-

ser aller Namen, mit der vielzitierten ewigen Jugendlichkeit ernst zu machen. So hat seine künstlich induzierte Naivität immer auch etwas Morbides, Dekadentes. Und diese denkbar einfachen Lieder über eheliche Treue, die Gedanken eines Kleinkindes oder Erinnerungen an glückliche Sommerferien, die Jonathan Richman auf **,Jonathan Sings!'** für seine kindische Kundschaft ausbreitet, erinnern

99

JONATHAN RICHMAN
,Jonathan Sings!' (1983)

auch immer an die ersten Sequenzen in Horrorfilmen, wo alle noch lachen und durch das Sonnenlicht brausen bei offenem Verdeck und keiner ahnt, daß auf der nächsten Brücke Leatherface wartet.

Wie der von Richman so verehrte Harpo Marx besaß und besitzt Richman die Fähigkeit, diesen zwiespältigen Nichtigkeiten, genannt Songs, einen inneren Glanz zu verleihen. Und dieser Schimmer des Glücks reicht, psychotische Schatten beiseite, um ein Stück Musikgeschichte wieder lebendig werden zu lassen, in der das perfekte Glück nie länger als drei Minuten dauerte.

Aus Lou Reed ist inzwischen jemand geworden, der eine Live-Platte macht, um den besonderen Klang einer akustischen Gitarre und eines Verstärkers einzufangen. Auch ein Motiv. Aber sein ,Ostrich'-Stil, seine Besessenheit mit sechs Saiten und einem Rhythmus, hat natürlich genauso viele Youngsters motiviert, selbst Gitarrist zu werden und eine Band zu gründen, wie Hendrix oder Richards oder Clapton. Sein talentiertester „Schüler" ist vermutlich **Tom Verlaine**, der seit 1972, als er die *Neon Boys* gründete, das missing link gibt zwischen der Pop-Art-Welt der sechziger Jahre und Punk. Richard Hell, Richard Lloyd, Robert Quine, Leute von den *Ramones*, *Blondie* und *MC5* gesellten sich im Lauf der Jahre zu Tom Verlaine und *Television*, aber irgendwie blieb er das Groß-Talent, der gerngesehene Session-Gitarrist, der Produzent, ein Musiker für Musiker, aber keiner für die Massen. Sein Gitarrenspiel ist heute selbst Markenzeichen und Muster für andere, schimmernde Klänge, sich lang-sam brechende Kaskaden, ,Ostrich' in slow motion,

100

TOM VERLAINE
,Warm and Cool' (1992)

Klänge, die wie Luftspiegelungen auf heißer Fahrbahn oder wie Scheinwerferlicht auf nasser, nächtlicher Straße flirren und irrlichtern: kein Zufall, daß Verlaine so ein Photo als Cover für seine Instrumentalplatte **,Warm and Cool'** ausgewählt hat. Die CD ging irgendwie unter, ich weiß auch nicht: Instrumentale Rockmusik der 90er muß wohl anders klingen, mehr nach Chicago und nach Jazz und nicht so sehr nach Cowboystiefeln, die auf Großstadtstraßen schiefgelatscht worden sind. So bleibt Tom Verlaine der Ry Cooder seiner Generation, ohne aber dessen diplomatische Ader und völkerverbindende Nichtraucherart zu besitzen, sondern mehr so ein One-Man-Soundtrack für den Film unseres Lebens.

„No more fucking Rock & Roll"

Abteilung 24, in der schließlich Schluß mit lustig ist

Das Buch ist geschrieben, fast, der Musterkoffer voll. Fast. Es ist noch Platz für eine CD, die 101. Sie erfüllt alle meine Ansprüche an Rockmusik, vielleicht ja auch die Ihren: Sie hat mich überrascht. Sie vereint das Beste von beiden Seiten des Atlantiks. Sie ist unprätentiös und der Lust an der Musik geschuldet. Sie ist ein Zufall, weil Menschen aus Gruppen wie den *Jayhawks*, *Wilco* und *Soul Asylum* gerade mal Zeit hatten, im Studio herumzudaddeln und die Musik der *Faces* in ein Neunziger-Jahre-Idiom zu übertragen. Was so natürlich keiner gesagt und beabsichtigt hat. Es ist halt passiert und wurde ‚**Down by the Old Mainstream**' ge-

101
GOLDEN SMOG
‚Down by the Old Mainstream' (1996)

nannt. Ein Freund singt für Freunde; Gitarren tschingeln und tschängeln, Namen und Akkorde werden einander zugespielt: Die Außenwelt existiert nicht in diesem Time Tunnel. Die Beteiligten trennten sich, als die Party vorbei war und die Studiozeit aufgebraucht, wie ihr Projektname **Golden Smog** verheißt, und sie entwickeln jetzt wieder Egos und Konzepte und Ambitionen, alles Dinge, die auf ‚Down by the Old Mainstream' nicht vorhanden sind, als man sich bloß für eine Weile an den Ufern einer anderen Zeit und einer anderen Musik niederließ, um die Füße in den culture gap baumeln zu lassen. Und wenn ich Sie nur für diese eine CD begeistern könnte, hat sich der Aufwand für dieses Buch schon gelohnt.

Anhang

Danksagung

Der Autor möchte sich bedanken

bei den Firmen Mute, Mercury, Rough Trade, BMG, Warner, Virgin, Shanachie/Yazoo, Rounder (Scott Billington und Rick Olivier) und Sony für die freundliche Genehmigung, die Cover der Platten abdrucken zu dürfen

bei Bernd Gockel für die Überlassung der Rolling Stone-Liste

bei seinem Lektor Matthias Politycki, der lieber ‚Sticky Fingers‘ als ‚Exile on Main Street‘ in diesem Buch gesehen hätte

bei all jenen Promotern, die ihren Job auch dann korrekt erledigen, wenn man zum 50sten Mal kein Interview mit der supergeilen Crossover-Combo aus Hannover machen will

bei Christoph Lindenmeyer und Axel Linstädt für ein wenig Freiheit in der Nacht

Diskographie zu ‚Soundcheck – die 101 wichtigsten Platten der Popgeschichte‘

Die hier angegebenen Nummern sind die in Deutschland gültigen CD-Bestellnummern für 1998 **(fett)**. Falls eine CD in Deutschland nicht regulär vertrieben wird, sondern zur Zeit der Diskographie-Erstellung nur über Import erhältlich war, wird die amerikanische oder britische Katalognummer angegeben. Sollte weltweit keine CD-Version auf dem Markt sein, wird die LP-Nummer angegeben (*kursiv*).

1/2 JAPANESE: 1/2 Gentlemen/Not Beasts
(Tec Tones CD 16632)

ADAMS, JOHNNY: Johnny Adams Sings Doc Pomus/The Real Me
(Zensor 05819/Efa)

AMERICAN MUSIC CLUB: Mercury
(Virgin 787733 2)

BAILEY, DEREK: Guitar, Drums'n'Bass
(Avant Avan 060/Bellaphon)

BEACH BOYS: Surf's Up
(Capitol SP 57240/EMI)

BEASTS OF BOURBON: Low Road
(Red Eye 0626–2/Indigo)

BLEGVAD, PETER: Downtime
(Recommended RER CD 11763)

BOGGS, DOCK: Complete Early Recordings 1927–29
(Revenant 205)

BUCKLEY, TIM: Happy Sad
(Elektra 7559–74045–2)

BYRDS: Sweetheart of the Rodeo
(Columbia 486752–2/Sony)

BYRNE, DAVID: Feelings
(Luaka Bop 9362–46605–2/Warner)

CALE, JOHN: Music for a New Society
(Rhino 71743–2)

CAPTAIN BEEFHEART: Clear Spot
(**Maverick 7599–26249–2**/Warner)

CARTER FAMILY: When The Roses Bloom In Dixieland – The Complete
Victor Recordings 1929–1939
(**Rounder CD 1066**/Inakustik)

CASH, JOHNNY: American Recordings
(**American 74321–23685–2**/BMG)

CAVE, NICK & THE BAD SEEDS: Your Funeral My Trial
(**Mute 846.823**/Intercord)

CHANCE, JAMES & THE CONTORTIONS: Live Aux Bains Douches
(Invisible Records Scopa 10008)

COHEN, LEONARD: New Skin for the Old Ceremony
(Columbia CD-32660/Sony)

COODER, RY: Paradise and Lunch
(**Reprise 7599–27212–2**/Warner)

DEUTSCH-AMERIKANISCHE FREUNDSCHAFT: Alles Ist Gut
(Virgin 203 644–320)

DJ SHADOW: Endtroducing...
(**Marlboro 0088332 MRO**)

DR. JOHN: City Lights
(A&M 390732–2)

DYLAN, BOB & THE BAND: The Basement Tapes
(**Columbia 466–137–2**/Sony)

DYLAN, BOB: Desire
(**Columbia ColCD 32570**/Sony)

DYLAN, BOB: Good As I Been to You
(**Columbia 472–710–2**/Sony)

FALCO, TAV & PANTHER BURNS: Behind the Magnolia Curtain
(*Rough Trade Rough 32*)

FRANKIE GOES TO HOLLYWOOD: Welcome to the Pleasure Dome
(**ZTT 4509-94745-2**)

FRIPP, ROBERT: Let the Power Fall
(EG 461 558-2/Virgin)

FSK: F. S. K. bei Alfred
(**Zickzack 1995**/Indigo)

GARCIA, JERRY: Jerry Garcia Band
(Arista 504284)

GARCIA, JERRY/DAVID GRISMAN/PETER ROWAN et al.: Old and in the Way
(**Ace 2966-78914-2**)

GASTR DEL SOL: Camoufleur
(**Domino WIGCD 44**/Rough Trade)

GO-BETWEENS: 16 Lovers Lane
(**Beggar's Banquet BBL 2006 CD**/Connected)

GOLDEN SMOG: Down by the Old Mainstream
(**Ryko 511.0325.2**/Rough Trade)

GUN CLUB: Fire of Love
(*Ruby Jrr 102*)

HICKS, DAN & THE HOT LICKS: Striking It Rich
(MCA 31187)

HOLIDAY, BILLIE: Lady Day
(*Giants Of Jazz JT C 2500/7*)

HOOKER, JOHN LEE: Endless Boogie
(**Chess MCD 10413**/MCA)

HURLEY, MICHAEL: Watertower
(**Zuma 348.2008.2**)

JACKSON, JANET: The Velvet Rope
(**Virgin 844762-2**)

JOHNSON, ROBERT: Complete Recordings
(**Columbia 484414-2**/Sony)

KRAFTWERK: Computerwelt
(Klingklang 746420–2)

KRS-ONE: The Return of the Boom Bap
(Jive 01241–41517–2)

LED ZEPPELIN: III
(Atlantic 7567–82678–2/East-West)

MACKAY, ANDY: Resolving Contradictions
(*Bronze 26448 XOT/Ariola*)

MAHAL, TAJ: Recycling the Blues & Other Related Stuff
(Mobile FID 011–764/Inakustik)

MCLENNAN, GRANT: Horsebreaker Star
(Beggar's Banquet BEGA 162-CD/Rough Trade)

MISSISSIPPI SHEIKS: Stop and Listen
(YAZOO YAZCD 2006/Koch)

MITCHELL, JONI: Blue
(Reprise 7599–27199–2/Warner)

MITCHELL, JONI: Hejira
(Asylum 7599–60331–2/Universal)

MOTÖRHEAD: Overkill
(Fame CDFA 3236)

PALACE MUSIC: Viva Last Blues
(Domino 398.1021.2/Rough Trade)

PARKS, VAN DYKE & BRIAN WILSON: Orange Crate Art
(Warner 9362–45427–2)

PARSONS, GRAM: Live 1973
(Rhino 8122–72726–2/Edel)

PERE UBU: New Picnic Time
(Chrysalis 6307 678)

PLAN, DER: Geri Reig/Normalette Surprise
(Atatak 03767–2/EfA)

PRINCE: Sign O The Times
(Paisley Park 7599–25577–2/Warner)

REED, LOU: Street Hassle
  (Arista 262 270/BMG**)**

RICHMAN, JONATHAN & THE MODERN LOVERS: Jonathan Sings!
  (Sire 9362–45284–2/Warner)

ROCHES: Nurds
  (Warner 7599–23475–2)

ROLLING STONES: The Rolling Stones
  (London 820047–2)

ROLLING STONES: Beggar's Banquet
  (Abkco 844471–2)

ROLLING STONES: Let It Bleed
  (Abkco 844473–2)

ROLLING STONES: Exile on Main Street
  (Rolling Stones Records 839 524–2/Virgin**)**

ROXY MUSIC: Country Life
  (EG 786 482–2/Virgin**)**

ROYAL TRUX: Accelerator
  (Domino WIGCD 45/Rough Trade**)**

SLATER, LUKE: Freek Funk
  (Novamute CMV 5.0057.20.392/Connected**)**

SLEATER-KINNEY: Dig Me Out
  (Kill Rock Stars KRS 279CD)

SOULED AMERICAN: Around the Horn
  (Rough Trade 208.0348.2)

SOUNDGARDEN: Badmotorfinger
  (A&M 395 374–2/Polygram**)**

SPARKLEHORSE: Vivadixiesubmarinetransmissionplot
  (Capitol 821697–2/EMI**)**

SPENCER, JON & THE BLUES EXPLOSION: Now I Got Worry
  (Mute 7243 484387 2/Intercord**)**

STATUS QUO: Piledriver
  (Repertoire 0004119-Rep)

STILLS, STEPHEN: Manassas
(**Atlantic 7567–82808–2**/Warner)

SUBTLE TEASE: The Goings of an Offer
(**Ladomat 2055–2**/Rough Trade**)**

THIS HEAT: This Heat
(These Records HEAT 1)

THOMPSON, MAYO: Corky's Debt to His Father
(Glass/Drag City 49)

TORTOISE: Millions Now Living Will Never Die
(**City Slang 04972–2**/EfA)

T. REX: Electric Warrior
(**Castle 2878.180**)

TRICKY: Angels With Dirty Faces
(**Island 524 520–2**/Mercury)

TURNER, IKE & THE KINGS OF RHYTHM: Hey Hey
(Red Lightnin' RI 004)

VAN ZANDT, TOWNES: Our Mother the Mountain
(Tomato Tom 232)

VAUGHN, BEN/ALAN VEGA/ALEX CHILTON: Cubist Blues
(Last Call 7422466/WMD)

VELVET UNDERGROUND: Loaded
(**Rhino 8122–72563–2**)

VERLAINE, TOM: Warm and Cool
(**Rough Trade 201 1288 2**)

VIOLENT FEMMES: Violent Femmes
(**FFRR 828035–2**)

WAITS, TOM: The Heart of Saturday Night
(**Elektra 7559–60597–2**/East-West)

WILCO: Being There
(**Reprise 9362–46236–2**/Warner)

WILLIAMS, HANK: The Original Singles Collection...Plus
(Polydor 847 194 2)

WYATT, ROBERT: Nothing Can Stop Us
(Rough Trade CD 1–12)

X: Los Angeles
(Slash SR 104)

XTC: Waxworks – Some Singles/Beeswax – Some B Sides
(Geffen GEFD 4037)

YOUNG, NEIL: Harvest
(Reprise 7559–27239–2/Warner)

YOUNG, NEIL: Zuma
(Reprise 7559–27226–2/Warner)

ZAPPA, FRANK & THE MOTHERS OF INVENTION: Freak Out
(Zappa 211.6001.2/Rough Trade)

VARIOUS ARTISTS: Anthology of American Folk Music (Edited by Harry Smith)
(Smithsonian Folkways SW CD 40090/Koch)

VARIOUS ARTISTS: Atlantic Rhythm and Blues 1947–1974
(Atlantic 7567–82305–2/Warner)

VARIOUS ARTISTS: Axiom Dub – Mysteries of Creation (Edited by Bill Laswell)
(Island 524.313.2/Mercury)

VARIOUS ARTISTS: International Deejay Gigolo
(International Deejay Gigolo Records 29510–2/EfA)

VARIOUS ARTISTS: Talvin Singh Presents: Anokha – Soundz of the Asian Underground
(Mango 524 341–2/Mercury)

VARIOUS ARTISTS: Wanna Buy a Bridge?
(Rough US-3/Rough Trade)

Daisys Plattensammlung

ALLEN, DAEVID: Banana Moon (Charly 1971)

AMON DÜÜL II: Yeti (Telefunken 1970)

AU PAIRS: Playing with a Different Sex (Human 1981)

BRAUER, ARIK: Alles was Flügel hat fliegt (Polydor 1973)

BURTON, GARY u. a.: Times Square (ECM 1978)

CHROME: Red Exposure (Beggar's Banquet 1980)

COCKER, JOE: Greatest Hits Vol. 1 (Pickwick 1969–73)

CROCE, JIM: Bad Bad Leroy Brown – Greatest Character Songs
(Lifesong 1978)

DAMNED: Strawberries (Bronze 1982)

DOLAN, TERRY: Wind Dancer (Rag Baby 1981)

DYLAN, BOB: Blonde on Blonde (CBS 1967)

FAITHFULL, MARIANNE: Broken English (Island 1979)

GALPER, HAL: Ivory Forest (enja 1980)

GO-BETWEENS: Before Hollywood (Rough Trade 1983)

GRAVENITES, NICK: Blue Star (Line 1980)

GRUPPO SPORTIVO: 10 Mistakes (Bellaphon 1977)

GRUPPO SPORTIVO: Back to 78 (Ariola 1978)

HARPER, ROY: Folkjokeopus (Sunset 1969)

HELLER, ANDRÉ: . . . singt Schnulzen, Schlager, Chansons aus
den zwanziger, dreißiger und vierziger Jahren

HENRY COW: Legend (LTM 1973)

JACKSON, JOE: Look Sharp! (A&M 1979)

JONES, RICKY LEE: Pirates (Warner 1981)

KINKS: 20 Golden Greats (PYE 1978)

KINKS: Sleepwalker (Arista 1977)

KNEF, HILDEGARD: The World of . . . (Decca 1971)

KÜNNEKE, EVELYN u. a.: Männer sind doch bessere Frauen
(Telefunken 1978)

KÜNNEKE, EVELYN: II. (Telefunken 1976)

KÜNNEKE, EVELYN: Sing, Evelyn, sing! (Telefunken 1978)

KUTI, FELA ANTIKULAPO: Original Sufferhead (Arista 1981)

MACKAY, ANDY: Resolving Contradictions (Bronze 1978)

MARIONETZ: Jetzt knallts (No Fun 1981)

MARLEY, BOB: Natty Dread (Island 1974)

MOTHER'S RUIN: Want More (GeeBeeDee 1981)

MOTÖRHEAD: Ace of Spades (Bronze 1980)

OTTO KENTROL: Learn Greek in Greece (H. A. S. C. H. 1980)

PERE UBU: The Art of Walking (Rough Trade 1980)

POP GROUP: For How Much Longer Do We Tolerate Mass Murder?
(Rough Trade 1980)

RED CRAYOLA/ART & LANGUAGE: Kangaroo? (Rough Trade 1981)

REED, LOU: Rock and Roll Heart (Arista 1976)

ROCHES: Nurds (Warner 1980)

ROLLING STONES: Love You Live (Rolling Stones Rec. 1977)

ROLLING STONES: Some Girls (Rolling Stones Rec. 1978)

SEEGER, PETE: Live Concert (Embassy 1967)

SLITS: Cut (Island 1979)

SNAKEFINGER: Snakefinger's History of the Blues/Live in Europe
(Rough Trade 1984)

STEELY DAN: Gaucho (MCA 1980)

TALKING HEADS: More Songs About Buildings and Food (Sire 1978)

U2: Boy (Island 1980)

ULMER, JAMES ‚BLOOD': Are You Glad to be in America? (Rough Trade
1980)

ULTRAVOX: Three into One (Island 1977)

VELVET UNDERGROUND: Special (MGM 1967–69)

WIRTSCHAFTSWUNDER: The Wirtschaftswunder (Polydor 1982)

ZUKIE, TAPPER: Tapper Roots (Virgin 1978)

Die Top-100 der deutschen Rolling Stone-Redaktion (1997)

1	THE ROLLING STONES	Exile on Main Street
2	THE BEACH BOYS	Pet Sounds
3	BOB DYLAN	Highway 61 Revisited
4	VAN MORRISON	Astral Weeks
5	THE BEATLES	Abbey Road
6	THE ROLLING STONES	Beggar's Banquet
7	BOB DYLAN	Blonde On Blonde
8	THE BEATLES	Revolver
9	THE ROLLING STONES	Let It Bleed
10	MARVIN GAYE	What's Going On
11	PATTI SMITH	Horses
12	THE SEX PISTOLS	Never Mind the Bollocks
13	JIMI HENDRIX EXPERIENCE	Are You Experienced?
14	THE VELVET UNDERGROUND	The Velvet Underground & Nico
15	THE BAND	The Band
16	THE CLASH	London Calling
17	JONI MITCHELL	Blue
18	THE BEATLES	The Beatles
19	NIRVANA	Nevermind
20	THE ROLLING STONES	Sticky Fingers
21	BOB DYLAN	Blood on the Tracks
22	THE SMITHS	The Queen Is Dead
23	THE BEATLES	Sgt. Pepper's Lonely Hearts Club Band
24	GRAM PARSONS	Grievous Angel
25	DAVID BOWIE	Hunky Dory
26	ELVIS PRESLEY	Elvis Presley
27	CAPTAIN BEEFHEART	Trout Mask Replica
28	BRUCE SPRINGSTEEN	Born To Run
29	TELEVISION	Marquee Moon
30	ELVIS COSTELLO	Imperial Bedroom
31	OTIS REDDING	Otis Blue
32	JIMI HENDRIX EXPERIENCE	Electric Ladyland
33	LOVE	Forever Changes
34	BOB DYLAN	Bringing It All Back Home
35	THE BEATLES	Rubber Soul
36	THE BYRDS	The Notorious Byrd Brothers
37	JAMES BROWN	Live At the Apollo
38	THE ROLLING STONES	Aftermath
39	THE CLASH	The Clash
40	SLY & THE FAMILY STONE	There's a Riot Going On
41	RANDY NEWMAN	Sail Away

42	SCOTT WALKER	Scott 4
43	THE DOORS	The Doors
44	ROXY MUSIC	For Your Pleasure
45	NICK DRAKE	Bryter Layter
46	NEIL YOUNG	Tonight's the Night
47	ELVIS COSTELLO	This Year's Model
48	BRUCE SPRINGSTEEN	Darkness on the Edge of Town
49	TINDERSTICKS	Tindersticks
50	THE SMITHS	The Smiths
51	LEONARD COHEN	Songs of Leonard Cohen
52	ELVIS PRESLEY	Elvis is Back!
53	RICHARD & LINDA THOMPSON	I Want to See the Bright Lights Tonight
54	OASIS	(What's the Story) Morning Glory?
55	DAVID BOWIE	The Rise and Fall of Ziggy Stardust
56	RANDY NEWMAN	12 Songs
57	THE RAMONES	The Ramones
58	THE WHO	Who's Next
59	R. E. M.	Automatic for the People
60	THE BYRDS	Younger than Yesterday
61	TOM WAITS	Swordfishtrombones
62	JONI MITCHELL	Court and Spark
63	CAROLE KING	Tapestry
64	ELVIS COSTELLO	My Aim is True
65	STEELY DAN	Countdown to Ecstasy
66	LED ZEPPELIN	Led Zeppelin IV
67	IGGY & THE STOOGES	Raw Power
68	THE ROLLING STONES	Some Girls
69	BOB DYLAN	Time Out of Mind
70	JOHN LENNON	Plastic Ono Band
71	KATE & ANNA McGARRIGLE	Kate & Anna McGarrigle
72	VAN MORRISON	Moondance
73	THE BAND	Music from Big Pink
74	FAIRPORT CONVENTION	Liege & Lief
75	PREFAB SPROUT	Steve McQueen
76	LITTLE FEAT	Sailin' Shoes
77	NEIL YOUNG	After the Goldrush
78	FLYING BURRITO BROTHERS	The Gilded Palace of Sin
79	THE PRETENDERS	The Pretenders
80	BUDDY HOLLY	The Chirping Crickets
81	DUSTY SPRINGFIELD	Dusty in Memphis
82	THE ROLLING STONES	Tattoo You
83	JOHN PRINE	John Prine
84	THE JAM	All Mod Cons
85	CREEDENCE CLEARWATER REV.	Green River

86	THE ROLLING STONES	Between the Buttons
87	BOB DYLAN	Desire
88	R. E. M.	Reckoning
89	SCOTT WALKER	Tilt
90	GREEN ON RED	Here Come the Snakes
91	TIM BUCKLEY	Greetings from L. A.
92	BRUCE SPRINGSTEEN	Nebraska
93	LEONARD COHEN	Songs of Love and Hate
94	NEIL YOUNG	On the Beach
95	EMMYLOU HARRIS	Roses in the Snow
96	JEFFERSON AIRPLANE	Surrealistic Pillow
97	ARETHA FRANKLIN	Lady Soul
98	GENE CLARK	No Other
99	SIMON & GARFUNKEL	Bookends
100	BOB DYLAN	Nashville Skyline

Mailorder-Adressen:

jpc
Postfach 1329
49111 Georgsmarienhütte

Zuverlässiger und kulanter Postversender mit deutlicher Priorität auf Mainstream im weitesten Sinn. Viele Eigenimporte, Jazz- und Klassik-Abteilung, dazu Videos und Bücher. Jährliche Kataloge, auch auf CD-ROM, mit monatlichem Nachtrag.
Informationen im Internet: http://www.jpc.de
Bestellungen per E-Mail: Order@jpc.de

normal mailorder
Bonner Talweg 276
53129 Bonn

Aus einem anspruchsvollen Plattenladen und dem gleichnamigen Label hervorgegangener Postversender, der wie viele kleine Anbieter immer hart am Rand der Pleite herumzukrebsen scheint und Bedürfnisse nach möglichst aktueller Popmusik bestens befriedigt. Die CDs und Platten sind im Katalog und den Newsletters meist kurz kommentiert, dazu viele Sonderangebote.

No Man's Land
Straßmannstr. 33
10249 Berlin

Ursprünglich ebenfalls ein Label, ist dieser Postversender ein letztes Refugium für den Freund ausgefallener Musik und schwer aufzutreibender Platten, mit Katalogen, die ebenso dilettantisch wie engagiert den guten Kampf zum guten Preis weiterführen.

Hausmusik
Postfach 1545
86885 Landsberg

Spezialversand für meist untergründige Labels aus aller Welt. Einen Versuch wert...

Index

Buchanzeigen

Modernes Leben, Alltagskultur

Bettina Roccor
Heavy Metal
Die Bands. Die Fans. Die Gegner.
1998. 192 Seiten mit 16 Abbildungen. Paperback
Beck'sche Reihe Band 1273

Achim Theil
Formel 1
Fahrer, Autos, Medien, Rummel
1998. 303 Seiten mit 12 Abbildungen und 16 Skizzen der Rennstrecken.
Paperback
Beck'sche Reihe Band 1255

Rainer Moritz
Immer auf Ballhöhe
Ein ABC der Befreiungsschläge
1997. 175 Seiten mit einer Abbildung. Paperback
Beck'sche Reihe Band 1224

Helmut Böttiger
Kein Mann, kein Schuß, kein Tor
Das Drama des deutschen Fußballs
2., erweiterte und aktualisierte Auflage. 1997. 216 Seiten
mit 21 Abbildungen. Paperback
Beck'sche Reihe Band 1021

Ingrid Loschek
Die Modedesigner
Ein Lexikon von Armani bis Yamamoto
1998. 224 Seiten mit 80 Abbildungen. Paperback
Beck'sche Reihe Band 1249

Verlag C.H. Beck München

Modernes Leben, Alltagskultur

Richard W. B. McCormack
Travel Overland
Eine anglophone Weltreise
1999. 126 Seiten mit 18 Abbildungen. Paperback
Beck'sche Reihe Band 1297

Eike Schönfeld
Alles easy
Ein Wörterbuch des Neudeutschen
3., unveränderte Auflage. 1997. 175 Seiten. Paperback
Beck'sche Reihe Band 1126

Hermann Ehmannn
affengeil
Ein Lexikon der Jugendsprache
4., durchgesehene Auflage. 1996. 156 Seiten. Paperback
Beck'sche Reihe Band 478

Hermann Ehmann
oberaffengeil
Neues Lexikon der Jugendsprache
1996. 159 Seiten. Paperback
Beck'sche Reihe Band 1170

Peter Koch/Thomas Krefeld/Wulf Oesterreicher (Hrsg.)
Neues aus Sankt Eiermark
Das kleine Buch der Sprachwitze
2. Auflage. 1997. 128 Seiten mit 4 Abbildungen. Paperback
Beck'sche Reihe Band 1187

Verlag C.H. Beck München